国务院发展研究中心研究丛书 **2014**

丛书主编 ▪ 李 伟

中国政府采购制度与运行机制研究

Study on the Institution and Operating Mechanism of Chinese Government Procurement

李国强 袁东明 等著

中国发展出版社
CHINA DEVELOPMENT PRESS

图书在版编目（CIP）数据

中国政府采购制度与运行机制研究/李国强，袁东明等著 . —北京：
中国发展出版社，2014.8
（国务院发展研究中心研究丛书/李伟主编 . 2014）
ISBN 978-7-5177-0186-6

I. ①中… II. ①李… ②袁… III. ①政府采购制度—研究—中国
IV. ①F812.45

中国版本图书馆 CIP 数据核字（2014）第 142735 号

书　　　名：中国政府采购制度与运行机制研究
著作责任者：李国强　袁东明　等
出 版 发 行：中国发展出版社
　　　　　　（北京市西城区百万庄大街 16 号 8 层　100037）
标 准 书 号：ISBN 978-7-5177-0186-6
经 销 者：各地新华书店
印 刷 者：北京科信印刷有限公司
开　　　本：700mm×1000mm　1/16
印　　　张：18
字　　　数：180 千字
版　　　次：2014 年 8 月第 1 版
印　　　次：2014 年 8 月第 1 次印刷
定　　　价：45.00 元

联 系 电 话：(010) 68990630　68990692
购 书 热 线：(010) 68990682　68990686
网 络 订 购：http://zgfzcbs.tmall.com//
网 购 电 话：(010) 88333349　68990639
本 社 网 址：http://www.develpress.com.cn
电 子 邮 件：bianjibu16@vip.sohu.com

"完善我国政府采购制度与运行机制研究"
课题组

课题组负责人

王佩亨　国务院发展研究中心公管所所长，高级经济师

课题组组长

李国强　国务院发展研究中心公管所副所长，研究员

课题组副组长

袁东明　国务院发展研究中心办公厅处长，研究员

课题协调人

陈国堂　国务院发展研究中心公管所所长助理，高级经济师
王雄军　国务院发展研究中心社会发展研究部室副主任，副研究员

课题组成员

王怀宇　国务院发展研究中心企业研究所室主任，研究员
杨晓东　国务院发展研究中心公管所博士，副研究员
黄　斌　国务院发展研究中心公管所博士
宗芳宇　国务院发展研究中心对外经济研究部博士，助理研究员
宋俏珈　国务院发展研究中心公管所室副主任，助理研究员
刘如菲　国务院发展研究中心公管所研究人员
马超群　国务院发展研究中心公管所研究人员
田　甜　国务院发展研究中心行政处研究人员

总　序

积极发挥智库作用　全力为改革服好务

国务院发展研究中心主任、研究员　李伟

　　去年 11 月召开的党的十八届三中全会，掀开了中国改革开放新的篇章，标志着中国进入全面深化改革的历史新阶段，对于全面建成小康社会、实现中华民族伟大复兴的中国梦具有重大而深远的指导意义。

　　改革的成功，需要正确的方向和可行的方法。过去三十多年的实践表明，中国特色的改革道路，以"三个有利于"为标准，既坚持了正确的方向，又找到了可行的方法。进入新时期的改革，涉及面更为广泛，调整利益格局更加艰难。我们必须以全球视野、战略思维，深化改革理论研究，密切结合世情国情，积极关注社情民意，科学认识全球结构调整和体制变革的方向、趋势，正确认识和把握民众诉求，遵循经济社会发展的规律，提升驾驭改革的综合能力，确保三中全会提出的各项改革任务圆满完成。为此，需要特别处理好理论指导与实践探索、加强党的统一领导与发挥各方创造性、积极果敢与稳妥推进、效率与公平、经济体制改革与社会体制改革等方面关系。

经济体制改革是全面深化改革的重点，其核心是处理好使市场在资源配置中起决定性作用和更好发挥政府作用的关系，而使市场发挥决定性作用是当前改革的主要矛盾方面。当前，我国经济正处在向中高速增长阶段转换的关键期。增长阶段转换表面上看是速度的换挡与调整，但在本质上是增长动力的转换与接续。我国经济能否在一个新的增长平台上良好运行，规模与质量、速度与效益的关系达到一种新的平衡，关键在于切实转变发展方式和着力培育经济增长新动力。

今年以来，我国在经济下行压力加大、局部风险开始显露的同时，结构调整取得积极进展，表现为服务业发展势头良好，消费对经济增长的贡献提高，就业状况不断改善等。这些积极变化也反映了我国经济正在向新常态平稳过渡。在此情况下，我们要充分地认识到改革举措有供给侧和需求侧之分，有见效慢和见效快之别。在抓好相对慢变量重大改革的同时，适当加大需求侧的改革措施，进一步发挥扩需求、稳增长的作用，与促进需求政策形成合力效应，通过换机制、调结构，着力培育增长新动力。

具体而言，近期，应以调整投资结构、稳定投资增速、化解金融风险为重点，积极推进相关重点领域改革和政策调整。如清理规范地方融资平台，推进地方政府合规融资；发挥政策性金融机构对住房和基础设施建设的支持作用；推动资产证券化，盘活存量；做好舆论引导、风险隔离、社会保障等配套工作，积极化解局部风险；与结构性减税政策相结合，积极推进加速折旧；治理产能过剩，推动产业结构调整等等。

中长期，则应把有利于稳增长、调结构、促转型的重大改革放在优先位置。推动以破除行政性垄断、促进竞争为重点的基础产业领域改革，提高非贸易部门的效率；围绕降低企业综合成本，推动土地、金融、流通、知识产权保护等领域改革，增强企业盈利能力，促进企业转型升级；加快服务业的对内、对外开放，破除各种隐性壁垒，形成平等进入、公平竞争的市场环境；适当提高中央政府债务占 GDP 的比重和当年财政赤字率，利用中央政府的负债潜力，加大社会公共服务设施建设，缓解地方政府和企业现实的债务压力。

十八届三中全会通过的《中共中央关于全面深化改革若干重大问题的决定》明确提出：加强中国特色新型智库建设，建立健全决策咨询制度。去年 4 月和今年 1 月，习近平总书记两次对智库建设和国务院发展研究中心的工作作出重要批示，明确指出智库是国家软实力的重要组成部分，要高度重视、积极探索中国特色新型智库的组织形式和管理方式；要求我们要紧紧围绕推进全面深化改革等重大任务，不断增强综合研判和战略谋划能力，提高决策咨询服务质量和水平。

国务院发展研究中心作为直接为党中央、国务院重大决策提供研究咨询服务的智库机构，在过去一年中，紧紧围绕中央的工作中心，牢牢把握为中央决策服务的根本方向，立足全局、突出重点、发挥优势、创新体制，以深入开展党的群众路线教育实践活动为契机，以全面推进"一流智库"建设为抓手，以提高政策咨询研究的质量和水平为重点，坚持中长期重大课题研究与当前经济社会发展热点难点问题研究相结合，完成了一批具有较高政策价值和较大社会影响力的研究成果，推动形成了一系列经济社会发展新政策新举措，为中央决策服务取得了新成绩。

"国务院发展研究中心研究丛书"迄今已是连续第五年出版。五年来，我们获得了各级领导同志和社会各界读者的热情关注与支持。特别是去年的丛书出版后，受到国务院领导同志的高度肯定。这是对我们继续做好工作的重要鼓励与鞭策。

今年的"国务院发展研究中心研究丛书"共16部著作。其中：《追赶接力：从数量扩张到质量提升》是国务院发展研究中心2013～2014年度的重大研究课题报告，深入分析了中国经济增长方式的转变路径与方法；《中国新型城镇化：道路、模式和政策》、《从城乡二元到城乡一体：我国城乡二元体制的突出矛盾与未来走向》等10部，是国务院发展研究中心各研究部（所）的重点课题研究报告；此外，还有《中国电子商务的发展趋势与政策创新》等5部优秀招标课题研究报告。

这套丛书是国务院发展研究中心过去一年研究成果的优秀代表，但其中可能还存在着种种不足。衷心期望社会各界提出宝贵意见和建议，帮助我们在建设中国特色新型智库、开创政策研究咨询工作新局面、努力为全面深化改革服好务的道路上不断前进，为实现中华民族伟大复兴的中国梦做出新的更大贡献。

2014 年 8 月 18 日

政府采购是各级国家机关、事业单位和团体组织，使用财政性资金采购依法制定的集中采购目录以内的或者采购限额标准以上的货物、工程和服务的行为。建立政府采购制度是市场经济国家强化公共财政支出管理的普遍做法和重要内容，在经济社会发展中具有重要地位和作用。

我国政府采购制度是社会主义市场经济体制改革和积极发挥公共财政职能作用的历史背景下的产物，是现代国家治理体系建设的重要内容。1996年我国先后在上海、深圳、河北等地开始以集中采购为核心的政府采购制度试点，1999年财政部在总结试点经验的基础上，颁布了《政府采购管理暂行办法》，政府采购工作在全国启动。2003年《政府采购法》正式实施，我国政府采购逐步进入依法采购管理轨道，政府采购的地位和作用日益突出，政府采购工作取得显著成效。

《政府采购法》实施十年来，我国政府采购面对的国际国内环境，发生了以下许多重大变化：十八届三中全会《决定》明确提出加快加入世界贸易组织《政府采购协定》（GPA）新议题谈判、推广政府购买服务、电子采购新技术发展带来的影响，以及随着我国政府采购规模快速增长和公共财政体制改革的推进，实现政府采购政策功能的要求等，都对政府采购制度改革提出了新要求。我国政府采购由此将进入一个新阶段，政府采购制度改革进入新时期。

为了正确评估我国政府采购制度实施以来的成效，全面了解当前政府采购制度与运行机制存在的突出矛盾和重大问题，适应政府采购新时期新要求，进一步完善政府采购制度体系与运营机制，推动政府采购法律法规完善进程和政策调整，2013 年国务院发展研究中心立项开展"完善政府采购制度与运行机制研究"重大课题，由国务院发展研究中心公共管理与人力资源研究所（以下简称"公管所"）具体承担完成。

课题研究和成果主要有以下特点：注重贯彻三中全会《决定》精神；注重政府采购阶段性变化特征，在总结《政府采购法》实施十年基础上前进；注重政府采购制度宏观架构的顶层设计；注重发现和解决重大问题，以问题导向为出发点；注重研究方案符合国情具有可操作性；在研究方法上，注重深入实际调查研究，广泛搜集国外相关资料；注重问卷调查分析。课题组研究过程中，将所发现的重大问题和研究意见及时上报，得到国务院领导的重视和批示。

本报告按照"抓紧解决老问题、逐步实现新目标"两条主线，深入研究了新阶段我国政府采购的功能、定位、目标和主要原则；提出了完善我国政府采购管理体制和运行机制的改革框架和思路；研究了完善监督考核机制、采购预算管理、供应商管理、信息化建设若干保障机制问题；以及国外可资借鉴的经验；本报告根据我国政府采购新阶段、新形势的要求，建议尽快修改《政府采购法》等。

本研究形成了一个总报告、十个专题报告。总报告及执笔人是"完善我国政府采购制度与运行机制研究报告"（李国强）。十个专题报告及执笔人分别是：政府采购的主要成效和问题（袁东明）；政府采购的功能、定位和目标（王雄军）；调整和完善政府采购管理体制（王雄军）；完善我国政府采购的监督考核机制（黄斌）；我国政府采购的若干保障机制（杨晓东、刘如菲）；我国政府采购发挥政策功能的制度要求（袁东明）；加入 GPA 对中国的影响和应对建议（王怀宇）；国外政府采购发展历程中若干重要问题及启示（宗芳宇）；政府采购的法律体系建设，建议尽快修改《政府采购法》（王怀宇）；完善政府采购制度体系与运行机制问卷调查报告（宋佾珈）。本研究成果应该说是一个阶段性成果，许多问题还有待深入研究。本报告由课题组文责自负。

本书作者主要是国务院发展研究中心公管所和中心相关单位研究人员。课题组负责人：王佩亨所长；课题组组长：李国强副所长；课题组副组长：袁东明处长；课题协调人：陈国堂所长助理、王雄军副研究员；课题组成员：王怀宇、杨晓东、黄斌、宗芳宇、刘如菲、宋佾珈、马超群、田甜等。王佩亨所长负责了选题及课题组的组织等工作。李国强副所长负责主持课题研究写作、统稿、审稿等；袁东明处长负责课题研究统筹等；袁东明处长、杨晓东博士负责问卷设计的主要工作；陈国堂所长助理负责协调工作等；王雄军参与负责统稿等工作。

本课题研究得到财政部政府采购管理办公室王瑛主任、杜强处长等同志，海关总署物资装备采购中心肖志刚主任、万荣祥处长等同志的大力支持和热忱帮助。本课题调研安排、问卷设计发放等得到财政部、海关总署的大力支持和帮助。本课题调研得到海关总署物资装备采购中心、国务院发展研究中心行政处、中央国家机关政府采购中心、北京市财政局、北京市朝阳区财政局、中关村政府采购促进中心、上海市财政厅、浙江省财政局、浙江省政府采购中心、深圳市财政厅、深圳市政府采购中心、深圳海关、河南省财政厅等省市、部委相关机构和专家朋友的大力支持。在此对课题研究给予支持和帮助的部门和同志一并谨表诚挚感谢。

李国强

2014 年 7 月 1 日

目　录
Contents

总报告
完善我国政府采购制度与运行机制研究报告

政府采购是强化财政支出管理的一项重要制度。为了正确评估我国政府采购制度实施以来的成效，全面了解当前政府采购制度体系与运行机制存在的突出矛盾，进一步完善政府采购制度体系与运营机制，推动政府采购法律法规完善进程和政策调整，本报告主要研究完善我国政府采购制度体系与运行机制建设问题。本报告指出，随着政府采购规模不断扩大，政府职能转变持续推进、加入GPA谈判等新变化，我国政府采购正在进入一个新阶段。本报告按照"抓紧解决老问题、逐步实现新目标"两条主线，提出了完善政府采购制度体系与运行机制的总体思路；提出了完善政府采购管理体制的框架设计和监督考核机制、配套制度体系的建议；建议尽快修改《政府采购法》；此外，对政府采购目标、原则中"物有所值"的提法和用法予以明确否定等。

一、我国政府采购制度改革取得的进展和成效

政府采购是各级国家机关、事业单位和团体组织，使用财政性

资金采购依法制定的集中采购目录以内的或者采购限额标准以上的货物、工程和服务的行为。政府采购是财政支出管理的重要内容，随着我国政府采购规模快速增长和公共财政体制改革的推进，政府采购的地位和作用日益突出。

政府采购制度规范财政资金使用行为，对提高财政资金使用效益，完善政府管理体制，促进政府廉政建设，深化政府职能转变，支持国内经济社会发展，都具有重要意义。建立政府采购制度是市场经济国家强化公共财政支出管理的普遍做法和重要内容，是现代国家治理体系建设的重要内容，在经济社会发展中具有重要地位。

我国政府采购制度是社会主义市场经济体制改革和积极发挥公共财政职能作用的历史背景下的产物。1996 年我国先后在上海、深圳、河北等地开始以集中采购为核心的政府采购制度试点，1999 年财政部在总结试点经验的基础上，颁布了《政府采购管理暂行办法》，政府采购工作在全国启动。

2003 年《政府采购法》正式实施，我国政府采购逐步进入依法采购管理轨道，沿着扩面增量和规范管理的主线从无到有、从点到面、从小到大不断推进，从无法无章到有法可依，从无序混乱到规范竞争，政府采购制度改革不断深化，政府采购市场初步建立，运行机制不断完善，在加强财政支出管理、提高财政支出使用效率、促进廉政建设等方面取得成效。实践表明，实施政府采购管理体制机制，顺应了我国社会主义市场经济体制建设的客观要求，符合行政体制改革的方向，取得了很大的进展和成效。

（1）越来越多的政府采购资金、采购对象纳入到了监管范围，政府采购的监管职能得到认可；政府采购作为政府支出管理基本制度的地位得到确立。全国纳入监管的政府采购规模由 2002 年的 1009 亿元增加到 2012 年的 13977 亿元，占财政支出的比重也相应由 4.6% 提高到 11.1%；占 GDP 的比重也由 1.0% 上升到 2.7%。

（2）初步形成了以《政府采购法》为核心的政府采购法律法规及政策体系。2003 年后，国务院相关部门和多个省市以政府采购法为基础，相继出台了部门规章和地方性法规，涵盖了体制机制、执行操作、基础管理及监督处罚等各个方面的内容。

（3）初步建立了"管采分离、机构分设、政事分开、相互制约"的工作机制，形成了以"集中采购为主、分散采购为辅"的采购格局。2012 年集中采购机构承担了全国 70% 多的政府采购规模。

（4）基本确立了以公开招标为主、辅以其他多种方式的采购格局。2012 年全国采购规模中公开招标比重达到 83.8%。

（5）建立了由财政部门综合监督、监察审计部门专业监督、供应商自我监督和社会舆论广泛参与的多元监管体系，遏制和预防政府采购活动中暗箱操作和权力寻租等腐败现象，保障各方当事人的合法权益。

（6）政府采购的政策功能初步显现。2012 年全国节能、节水产品政府采购规模达 1281 亿元，环保产品采购规模达 940 亿元，分别占同类产品的 84.6% 和 68.3%。

（7）全国政府采购信息化水平不断提高。各地普遍建成了省市级的电子采购平台，为"阳光采购"提供了技术保障。

（8）政府采购开放谈判稳步推进。2007 年底我国向 WTO 提交了加入《政府采购协定》（GPA）申请书和初步出价，启动了加入

GPA 谈判工作，与此同时，积极应对双边和多边机制下的政府采购磋商和交流，提高了政府采购应对国际化的能力。

二、我国政府采购存在的问题及根源

科学高效合理运行的政府采购制度的建立，是一个不断完善的过程。当前我国政府采购工作中"豪华采购"、"天价采购"时有发生，还存在着"质次价高"、"效率低"、"采购随意性大"、"暗箱操作"、"串标"、"围标"、"采购腐败多发"等许多问题。产生这些问题的根源，在于我国政府采购管理理念不清晰、管理体制不科学、运行机制不顺畅、监督机制不健全、配套体制不完善、功能定位不合理、法律法规不健全，需要推进政府采购体制机制改革，完善相关制度和法律法规等。

1. 管理体制不科学

政府采购的机构设置、隶属关系、职责权力、决策监管机制等方面存在权责关系不明晰，责任主体不明确等问题，"管采分离"各地情况差别很大。一些地方把政府采购的监管职能、集采机构统一纳入公共资源交易中心平台，对《政府采购法》实施产生冲击。规避政府采购的行为还时有发生，政府采购制度执行难以到位。

政府采购责任人缺位，采购需求管理不到位。政府采购法对采购人的权利义务只做了简要规定，采购人的法律地位不明确，权利义务不清晰，在当前的政府采购管理体制中，既有采购人权力过大问题，也有采购人参与不足问题。

政府采购执行机构的功能、定位、性质缺乏统一认识，机构性质和管理模式差异较大，如部分省市没有设立集中采购机构，而是通过社会代理机构完成政府采购的业务。从采购机构内部的机构设置看，设置模式不统一，专业能力较弱，采购人普遍反映集中采购周期长、效率低、采购满意度低。

供应商管理和保护、履约管理等制度不健全。供应商管理制度设计重前期资格审查，轻后期履约验收；供应商资质审查标准不健全，审查内容较为笼统，缺乏细化操作规范；对供应商资格审查主体不明确，对采购人主体的审查权和选择权约束相对不足；对供应商诚信管理缺乏有效的监督约束与责任追究机制，当前政府采购监督考核机制以政府集中采购机构为主要考核对象，对于供应商的考核比较宽松，致使供应商围标串标现象严重；供应商救济机制重行政救济、轻司法救济，且现行体制下行政救济程序不畅，削弱救济公正性。

专家评审制度存在先天缺陷，评标委员会有权无责。

2. 监督机制不健全

当前政府采购监管制度体系不完善，权责界定不科学，监督偏重程序和形式的合规，对结果绩效不够重视；以集中采购机构为主要的监督考核对象，实际上未能明确最终责任人，且遗漏了采购人、社会代理机构和供应商等责任主体；采购监管机构的职责定位不清晰，监督权和管理权没有区分，财政部门既是政府采购的决策管理机构，也是政府采购的监督机构；采购监管机构，职责权力过大，不仅负责政府采购的各项重要决策和制度建设，而且可以对政府采购活动的各个环节进行监督管理，既负责宏观的管理，也负责微观的监督，管理权限过广，监管重心不明确，难以实现有效管理；监管机构存在机构层级较低、履职能力较弱问题。

3. 配套体制不完善

政府采购预算体制不科学、不细致、不到位、不及时，采购随意性大、预算约束性弱；预算编制没有采购需求论证的前置环节，缺乏有效的采购需求管理，难以发挥预算的定价控制作用；采购预算与资产管理脱节，难以进行有效的采购需求论证；预算执行不规范，预算调整机制不健全。

政府电子化采购方面，我国尚未出台指导政府采购电子化的相关法规和标准；各地信息系统标准不统一，基础数据难以共享。政府采购信息公开透明度低，政府采购信息的主动公开避重就轻问题比较突出。

4. 功能定位不合理，政策功能难以发挥

政府采购侧重节支反腐方面的功能定位，优化和发挥政府采购政策职能方面的功能定位缺失。政策功能要求越来越显著，但制度体系并不能提供足够支撑。

5. 法律法规不健全

部分法律法规相互矛盾。如《政府采购法》和《招投标法》的关系没有理顺，实际操作中频频"撞车"；法律适用过程中存在相互打架和难以衔接的地方。加入WTO《政府采购协议》（GPA）要求调整和完善国内政府采购制度。《政府采购法实施条例》至今未能出台，造成执法难、随意性大等问题。

三、我国政府采购进入了一个新阶段

十年来，政府采购面临的国际国内环境发生了许多重大变化，我国政府采购进入了一个新阶段，政府采购制度改革已进入新时期，对政府采购制度改革提出了新要求。需要按照着力解决突出矛盾和问题的改革方针，以问题为导向，针对政府采购体制机制中的突出矛盾问题以及新阶段新要求，完善我国政府采购制度体系和运行机制。

进入新阶段的主要是标志有以下方面。

一是十八届三中全会《决定》要求市场在资源配置中起决定性作用，市场化程度不断加深。政府采购市场同样要符合市场一般属性，按照市场规律办事，因此，要不断深化政府采购市场改革，建立健全政府采购市场体系。

二是《决定》明确提出推广政府购买服务，政府购买服务的规模和力度将不断扩大，推进政府向社会力量购买公共服务是一项新任务。

三是《决定》要求加快加入世界贸易组织《政府采购协定》（GPA）谈判，加入 GPA 的步伐加快，要求我国政府采购符合国际惯例，更具有国际化，要求尽快调整和完善国内的政府采购制度。

四是新技术发展带来的影响，电子化采购方式快速发展，由政府采购的辅助工具向核心载体转变，政府采购运行机制面临新的机遇和挑战。

五是政府采购规模快速扩大，在经济社会中的地位和作用日渐凸显，注重在市场规律基础上科学有效实现政府采购政策功能等。

六是面对国际国内环境的许多重大变化，修改《政府采购法》及其配套法规政策体系。随着政府采购法律法规体系的完善，将使我国政府采购法制更加健全、更加规范，做到有法可依，实施依法管理。

四、政府采购的总体思路

政府采购制度体系与运行机制是一项复杂的制度设计，要着重制度的顶层设计，强调制度体系的系统性、整体性、协同性。

1. 政府采购的指导思想

政府采购作为现代国家治理体系的重要组成部分，要以"五个适应"、"四个并重"为统领，建立健全制度体系和运行机制。

（1）政府采购的"五个适应"

一是政府采购要适应统一开放、竞争有序的市场经济体系要求。坚持公开、公平、公正的市场竞争原则，明确采购过程中的权责关系，完善公平交易的核心市场规则，形成统一开放、竞争有序的政府采购市场体系。

二是政府采购要适应"把权力关进制度笼子"廉政建设要求。完善制度体系建设，促进政府采购的制度化、规范化，遏制权力寻租，减少采购腐败。

三是政府采购要适应服务型政府建设。通过完善政府采购的制度体系，适应创新公共服务供给模式，深化政府职能调整，加快政府职能转变，构建多层次、多方式的公共服务供给体系需求。

四是政府采购要适应多元化的经济社会发展目标。我国政府采购规模远远超越了 2003 年时的规模，具备了发挥政策功能的能力。建立健全政府采购与政策功能相配套的各项政策措施，是当前及今后一个时期政府完善采购制度体系建设的重要内容。

五是政府采购要适应世界经济一体化的新趋势和新要求。加入 GPA 的进程加速，如何改革完善我国的政府采购制度体系，已经成为政府采购制度体系建设的重要任务。

（2）政府采购的"四个并重"

一是政府采购的制度目标注重"节支防腐"和实现"绩效最优"并重。在当前及今后一个时期，"节支反腐"仍然是政府采购制度建设的重要内容，但"绩效最优"的重要性也日渐凸显，两者应当并重。

二是政府采购的市场规范注重"公平竞争"和完善"市场规则"并重。公平竞争是市场规则的重要体现，但政府采购的市场体系建设，还有更丰富的内容，两者应当并重，如建立良性、有效的竞争机制等。

三是政府采购的操作执行注重"程序合规"和"专业化采购"并重。程序合规是政府采购的基本要求，但是建立专业化的采购机制，提升采购效率，也越来越重要，两者应当并重。

四是政府采购的监管方式注重"过程控制"和"结果评价"并重。当前对政府采购的监管形式，主要侧重"过程控制"，效果并不理想。未来应该更加侧重政府采购的"结果评价",建立"过程控制"和"结果评价"相结合的监管方式。

2. 政府采购的基本定位及功能、目标

政府采购基本定位主要在于以下方面。

一是政府采购的原则、方法要体现市场经济价值规律。政府通过购买的方式获得提供公共服务管理的资源,也使政府的职能更加精简和优化,提高国家治理的能力和效率。

二是政府采购是规范财政支出管理,促进廉洁行政的重要手段。政府采购规模庞大,利益复杂,很容易产生寻租腐败等行为。绝大多数国家都把政府采购制度作为反腐败的重要手段。政府采购制度把财政支出行为纳入规范化、程序化的制度体系,能减少暗箱操作,提高财政资金使用效率,节约财政资金。

三是政府采购是实现经济社会目标的重要手段。根据西方发达国家经验,政府采购规模普遍占 GDP 10% 以上,其规模和结构的变化对经济发展、产业结构等方面都具有巨大影响。充分发挥政府采购的政策功能,是实现多元化的经济社会发展目标的重要手段,也是各国经济社会发展的普遍趋势。

政府采购的定位及功能、目标可以分为三个层次。一是基础定位,政府采购是基于市场规则完成购买行为,保证政府日常政务需要,公平分配订单;二是核心定位,通过政府采购制度实现节支反腐等目标,确保政府采购的制度化、规范化和合理化;三是衍生定位,通过发挥政府采购的政策功能,实现多元化的经济社会发展目标(见表1)。

表1	政府采购基本定位、功能和目标	
基本定位	主要功能	主要目标
基础定位	满足政府政务需要；保障公共财政的支出行为符合市场经济的基本理念和规则；精简和优化政府职能设置，促进政府职能转变	完善市场经济制度；理顺政府和市场关系，建立健全与市场经济制度相匹配的政府职能体系
核心定位	节约资金；预防腐败	促进财政支出的制度化、规范化、合理化，提升政府形象
衍生定位	保护本国产业，促进产业结构优化，扶持中小企业和自主创新，促进资源节约和环境保护等政策功能	发挥政策功能，促进经济社会和谐发展，提升国家治理能力

3. 政府采购的基本原则

政府采购除了《政府采购法》中提出的公开透明、公平竞争、公正、诚实信用四个原则以外，还要增加"绩效最优"、"兼顾效率"的原则，并进一步强化管采分离、权责对等的原则。

绩效最优原则。随着政府采购从单纯注重"节支反腐"走向"节支防腐"和"绩效最优"并重。政府采购应体现和符合财政支出管理绩效评价这一最基本管理要求，提升采购标的的全生命周期价值，并更多发挥其政策功能。

兼顾效率原则。通过提升专业化水平，运用电子化采购的手段，在现有强调采购过程的公平性、竞争性、透明度的规范性制度体系建设中，整合采购程序，提高采购效率，强化事后监管，实现规范和效率的平衡。

管采分离原则。继续贯彻政府采购制度体系中"管采分离"的要求，将监督和日常管理进一步分开，切实提高各监管机构专业化的监管能力，引入人大、社会等外部机构加强监督，进一步明确采购管理机构和采购执行机构的定位和权责，实现"管"、"采"从目前的形式分离进一步向实质分离转变。

权责对等原则。进一步明确政府采购体系中监管机构、采购人、执行机构以及评审专家、供应商等各方主体的权利和责任，理顺权责关系，明确最终责任人。

4. 政府采购的发展目标和方向

确定当前及今后一个时期政府采购的发展目标和方向是：

一是构建全国统一、公平竞争的政府采购市场，是我国政府采购发展的一个重要目标。

二是结合 GPA 谈判进程，逐步建立涵盖各类预算体系资金、各类政府采购主体和各类采购对象，符合公共管理要求和 GPA 规则的政府采购管理制度。

三是坚持节支反腐的制度建设，节支反腐在相当长时期内，依然是政府采购的关键任务。

四是加强政府采购的政策功能，实现多元化经济社会发展目标。

五、完善政府采购管理体制的框架设计

政府采购管理体制是规范和处理政府采购的管理机构、执行机构、采购人、监管机构以及供应商等各个参与主体之间关系的制度体系，是政府采购的基础性制度架构。为实现新形势下政府采购的总体思路，提出如下政府采购制度体系和框架设计。

1. 完善政府采购管理体制

在新形势下，完善现有的政府管理体制，构建管采实质分离、权责更为清晰，并能进一步胜任"绩效最优"和兼顾效率的新体制，主要是"管采分离、机构分设、政事分开、相互制约、规范管理、强化监督"。这一管理体制应该机构设置合理，各机构功能定位明确，权责体系清晰，运行机制顺畅，共同形成合力，在制度体系内最大限度实现政府采购的整体效益。本报告提出政府采购管理体制建设方案建议，核心是理顺权责关系，明确责任主体（见表2）。

表2　　　　　　　　政府采购的机构设置和权责关系

机构性质	机构名称	部门职责
管理机构	当前模式：财政部门	当前模式：政策制定、预算编制、资金支付、信息管理、采购方式管理、合同管理、聘用专家管理、供应商投诉处理、集中采购机构业绩考核和政府采购管理人员培训、监督检查等管理工作等等
	改革模式：政府采购部级联席会议，下设政府采购管理办公室	改革模式：确定政府采购的功能、定位和长远发展战略，建立政府采购的制度框架，以及制定重要的法律、法规和政策文件、政策督导
执行机构	当前模式：以政府采购中心为主，允许其他模式试点探索	当前模式：以政策执行为主，参与部分政策制定、人员培训等
	改革模式：以政府采购中心为主，允许并规范其他模式的试点探索	改革模式：参与政策制定，政策执行，制度示范，需求引导，人员队伍培养等
采购人	采购人	当前模式：提出采购需求，参与需求标准的确定，供应商资格的审查，采购合同的履约验收等
		改革模式：参与政策制定，遵守政府采购的政策规定等，参与采购绩效评估等
监督机制	全国人大、审计署等	人大负责预决算审查，审计负责事后审计，财政负责日常考核

2. 完善政府采购监督考核机制

在完善管理体制中，政府采购各方主体的权责将进一步理顺，采购效率也有望提升，但需要构建新形势下符合"绩效最优"原则的更为有效的监督考核机制。这一新的体制机制应强化管采实质分离，并将监督考核拓展至政府采购的全过程，从对程序监督考核向对以合同履约和绩效评估为主的责任人监督考核提升。

3. 完善政府采购配套制度体系

为达到政府采购工作的规范、高效、公平运转，应进一步配套积极完善事前的预算制度、事中的电子化采购制度和事后的供应商管理与救济制度等。

六、加快加入 GPA 谈判问题

贯彻落实十八届三中全会决定加快政府采购新议题谈判的要求，需要完善国内有关防护性制度和修正性制度。

1. 国内防护性制度的完善

一是完善政府采购的政策功能配套制度，是防护性制度的关键内容。从对外竞争和谈判的角度，如何支持国货、如何促进本土创新，是我国政策功能制度体系建设中的两个重点，也是难点。二是"价格标准"可成为应对 GPA 的重要隐形壁垒。价格标准是以节约为理论，对政府采购的某些产品设置价格区间，该区间让本国产品有盈利空间，又在外国产品的价格之下，同时条款本身不设置国别或区域限制。这种标准不触犯国际条约，又有利于扶持我国企业和产品。

2. 适度加快修正性制度的建设

修正性制度是按 GPA 要求对本国制度进行的修改总和，如各国都要根据加入 GPA 时的承诺完善开放市场和非歧视性待遇的法律制度等。

七、"绩效最优" 与 "物有所值" 问题

当前在推进政府采购改革中，有研究提出要确立政府采购"物有所值"制度目标，向实现"物有所值"转变。我们认为"物有所值"的说法不妥，应明确予以否定，不能把其当作中国政府采购的指导原则，而应确立"绩效最优"用法。

（1）"物有所值"在中国语境中是一种主观判断，容易被误解为随意花钱，会造成高价、寻租的依据；政府采购原则应用内涵清晰、可操作性概念。

（2）"绩效最优"符合建立财政支出管理与绩效评价有机结合机制，不断提高财政支出综合监管水平的要求。

（3）"绩效最优"包含实现政府采购多元目标要求，能够维护政府采购统一市场，也符合加入 GPA 确认的例外后，其他则不能再保护原则。

（4）"物有所值"是从"Value for Money"翻译而来的。翻译

者对此理解有局限，引用者并未深究其一其二。国际上对"Value for Money"有其明确定义，亦非"物有所值"。英国政府定义其为"采购全生命周期的成本和质量的最佳组合，而不是仅仅关注于最低价格"；美国政府是获得最佳价值（Best Value），包括提高产品和服务质量，降低成本，缩短采购时间，促进竞争，实现社会目标，降低商业和技术风险，提供一揽子采购服务等；欧盟公共采购指令是要求所有公共合同在授予时必须符合"最经济有利"标的原则，判定准则为基于价格或成本，使用成本效益法如生命周期法等确定最佳标的，同时实现政策目标。

（5）"绩效最优"是从政府采购的公共资金角度强调其使用效率最大化和绩效最优化，具体是指采购的货物、工程或服务在全生命周期的价值最大。其在理念、采购制度、采购方式、政策目标和法律体系方面是一套科学的运作体系，既可借鉴国际经验，更要结合我国政采实际，不仅是一个简单提法。

八、建议修改《政府采购法》

我国 2003 年颁布的《政府采购法》使政府采购进入依法采购体制，十年来政府采购面临的国际国内环境发生了许多重大变化，该法不适应新环境的问题也越来越突出，亟须修改。

《政府采购法》存在的重大不足，一是"重程序，轻责任"，这是造成政府采购"质次、价高、效率低"的主要制度因素；二是《政府采购法》《招投标法》二法冲突；三是未体现电子技术为政府采购带来的新变化；四是政策功能缺乏坚实的法律基础；五是覆盖范围引争议；六是不能满足加入 GPA 的要求。

修改和完善《政府采购法》的原则和方向，一是调整和完善《政府采购法》的原则和目标；二是理顺关系、强调责任，实现"绩效最优"；三是加强信息透明度；四是注重电子化采购新技术应用；五是进一步明确政府采购的政策功能；六是直面挑战，应对GPA；七是进一步完善相关技术性问题的规定。

执笔：李国强

专题一
我国政府采购的主要成效和问题

　　我国从 20 世纪 90 年代中期开始推行政府采购改革，先后经历了探索、建立和实践等三个阶段。1996 年开始，我国先后在上海、深圳、河北等地推进政府采购试点工作，探索建立政府采购的管理制度、运行机制和监督体制。1999 年，财政部颁布了《政府采购管理暂行办法》，明确了我国政府采购试点的框架体系，试点工作在全国展开。到 2000 年底，全国所有省市均不同程度地开展了政府采购工作，采购管理、采购预算、采购模式、采购规程、采购方式等内容逐渐得以明确，为政府采购立法做好了制度、理论和组织上的充分准备。2003 年 1 月 1 日，《政府采购法》正式实施，我国政府采购工作也因此迈入了依法实践阶段，各地均依据法律开展政府采购工作。十多年来，我国政府采购从无法无章到有据可依，从零星购买到规模采购，从无序混乱到规范竞争，基本达到了规范采购行为、节支防腐等初衷，但同时在实际执行中依然还存在价高质次、效率低下、采购腐败等问题，需要进一步完善我国政府采购制度体系与运行机制。

一、十多年来政府采购取得的主要成效

《政府采购法》实施十多年来，我国政府采购实行了"统一监管、管采分离、集中与分散相结合"的制度体系，初步建立了公开竞争、程序规范、监管到位的政府采购市场，在加强财政支出管理、提高财政支出使用效率以及促进廉政建设等方面均发挥了积极作用，也取得了较好效果。

（一）越来越多的政府采购资金纳入了监管范围

2003 年以来，中央和地方通过不断强化政府采购管理和监督，逐步做到各级预算单位应采尽采，将更多财政支出资金统一纳入到政府采购监管范围，尤其是省以下支出资金、工程和服务类采购资金均得到了规范，为国家节约了大量财政资金。

1. 政府采购规模及占财政支出的比重持续提高

2002 年全国纳入监管的政府采购规模仅有千亿元人民币，到 2012 年已扩大到 1.4 万亿元，十年来年均增长率高达 30.1%。政府采购规模占国家财政支出的比重也由 2002 年的 4.6% 上升到 2012 年的 11.1%，占 GDP 的比重也由 1.0% 上升到 2.7%。

表 1.1　　　　　2003～2012 年全国政府采购规模变化情况

	2002	2003	2005	2008	2009	2010	2011	2012
全国（亿元）	1010	1659	2928	5991	7413	8422	11332	13978
占财政支出（%）	4.6	6.7	8.6	9.6	9.7	9.4	10.4	11.1
占 GDP（%）	1.0	1.4	1.6	1.9	2.2	2.1	2.4	2.7

数据来源：中国政府采购统计年鉴及作者计算。

2. 更多省以下政府采购资金及工程和服务类采购纳入监管

中央层面的政府采购资金占全国的比重不断下降，更多地方政府采购资金被纳入到监管范围。2002 年省及省以下政府采购资金占全国的比重为 78.0%，2011 提高到 94.0%，其中省以下占 75.5%，市级和县级的采购规模大致相当，分别接近全国的 40%。

表 1.2　　2002～2012 年中央和地方政府采购规模发布情况（%）

		2002	2003	2005	2008	2009	2010	2011
中央		22.0	15.9	13.9	9.0	8.4	6.8	6.0
地方	省级	78.0	84.1	86.1	91.0	91.6	17.8	18.5
	省以下						75.4	75.5

数据来源：作者根据中国政府采购统计年鉴计算。

政府采购监管种类也由最初以货物为主发展成为目前以工程占大头、服务类规模不断扩大的局面。2002 年货物类采购金额占到总规模的 62.0%。此后，越来越多的工程类采购被纳入监管范围，工程类资金逐渐成为最大类采购资金，2012 年占总规模的比重已接近 60%。另一方面，随着各地加强对服务类采购的监管以及政府将越来越多的服务项目交给市场，服务类采购资金大幅扩大，从 2002 年仅有 77 亿元提高到 2012 年的 1214 亿元，一些地区如上海，服务类采购规模占全部采购规模的比重已接近 20%。

表 1.3　　2002～2012 年全国政府采购的品种结构分布情况（%）

	2002	2003	2005	2008	2009	2010	2011	2012
货物	62.0	54.4	48.1	42.7	40.6	37.7	33.8	31.4
工程	30.3	39.3	45.2	49.7	52.0	53.9	58.4	59.9
服务	7.7	6.3	6.7	7.6	7.4	8.4	7.8	8.7

数据来源：作者根据中国政府采购统计年鉴计算。

3. 为国家节约了大量财政资金

通过将更多政府采购资金实行依法监管，不断规范采购人的采购行为，政府采购工作为国家节约了大量财政资金。2002～2012年间，全国政府采购每年的资金节约率都在10%以上，累计为国家节约资金8000多亿元，财政资金的使用效益大大提高。

表1.4　　　　2002～2012年我国政府采购资金节约情况　　　　单位：亿元

	2002	2003	2005	2008	2009	2010	2011	2012
预算资金	1135	1856	3308	6749	8377	9832	12898	15828
实际资金	1010	1659	2928	5991	7413	8422	11333	13977
节约资金	125	197	380	758	964	1410	1566	1851
节约率（%）	11.1	10.6	11.5	11.2	11.5	14.3	12.1	11.7

数据来源：中国政府采购统计年鉴。

（二）初步形成了以《政府采购法》为核心的政府采购法律法规及制度体系

《政府采购法》出台以后，多个省市结合本地实际工作情况，相继出台了政府采购地方法规，国务院及财政部会同其他部门也出台了一系列办法、规定和政策，主要包括两个方面：一是针对政府采购实际运作过程，规范和具体化了政府采购程序、政府采购代理机构资格认定、专家评审管理、供应商管理以及政府采购资金拨付等规则，使得政府采购各个操作环节都有法可依；二是为发挥政府采购的政策功能，制定和细化了一些鼓励企业技术创新、扶植民族工业、采购节能环保产品、支持中小企业等方面的政府采购公共政策。

1. 多个省市已制定出台了政府采购地方法规

北京、上海、天津、深圳等地在 2003 年《政府采购法》出台之前就已经制定了本地区的政府采购管理办法。2003 年之后，一些地方对照国家法律及地区工作实践，又重新修订或制订了地方政府采购法规，如深圳在 1998 年就开始实施《深圳经济特区政府采购条例》，2011 年做了重大调整和修改，广东、河北、山东也都在近几年陆续发布了本地的政府采购管理办法。一些省市目前还在制定过程中，如河南省《政府采购管理办法》在 2012 年 4 月就已开始向社会征求意见。

表 1.5　　　2003 年以来部分省市已实施的地方政府采购法规

地区	名称	实施时间
广东	广东省实施〈中华人民共和国政府采购法〉办法	2010 年 3 月
深圳	深圳经济特区政府采购条例	1998 年 10 月通过，2011 年 12 月修订通过，2012 年 3 月实施
河北	河北省政府采购管理办法	2012 年 7 月
山东	山东省政府采购管理办法	2013 年 9 月

资料来源：作者整理。

2. 监管部门围绕政府采购具体运作出台了一系列办法

中央监管部门以部门规章和文件的形式，围绕政府采购的运作过程出台了一系列实施操作办法，涉及对集采机构的监督考核、对社会采购机构的认定、对招投标的规范、对评审专家的管理、对供应商投诉的处理等各个环节。如 2003 年财政部和监察部联合发布的《集中采购机构监督考核管理办法》、《政府采购评审专家管理办法》，2004 年财政部颁布的《政府采购信息公告管理办法》、《政府采购供应商投诉处理办法》、《政府采购货物和服务招标投标管理办法》,2005 年财政部首次颁布并在 2010 年更新后重新颁布的《政府采购代理机构资格认定办法》。

各地依据上述办法,结合地方实情,也纷纷制定了相应的规章和规范性文件。很多地方还根据工作中遇到的实际问题,出台了一些具有地方特色的办法。如浙江省先后制定了包括政府采购招投标管理的制度办法、供应商注册和诚信管理办法、评审专家管理办法、协议供货制实施办法、采购文件备案管理办法、采购方式和采购类型审批管理办法、采购档案管理办法等近 30 个制度办法,形成了一套具有浙江特色的政府采购制度体系。

3. 为发挥政府采购政策功能制定了一系列采购政策

建立了节能环保产品的优先采购和强制采购制度。2004 年,财政部会同国家发展改革委制定《节能产品政府采购实施意见》(财库〔2004〕185 号),并发布了节能产品政府采购清单。2006 年,财政部会同国家环保总局制定《关于环境标志产品政府采购实施的意见》(财库〔2006〕190 号),并发布环境标志产品政府采购清单,要求在性能、技术、服务等指标同等条件下,优先采购环境标志产品清单中的产品,确立了节能环保产品的优先采购制度。2007 年,国务院办公厅印发《关于建立政府强制采购节能产品制度的通知》(国办发〔2007〕51 号),建立起了政府强制采购节能产品制度。

企业创新支持政策经历了由立到废的过程。2006 年,科技部、国家发展改革委和财政部联合发布了《国家自主创新产品认定管理办法（试行）》，规定经认定的国家自主创新产品将在政府采购，国家重大工程采购等财政性资金采购中优先购买。2007 年，财政部先后发布了《自主创新产品政府采购预算管理办法》（财库〔2007〕129 号）、《自主创新产品政府采购评审办法》（财库〔2007〕30 号）、《自主创新产品政府采购合同管理办法》（财库〔2007〕31 号）、《自主创新产品政府首购和订购管理办法》（财库〔2007〕120 号）、《政府采购进口产品管理办法》（财库〔2007〕119 号）5 个配套制度办法，基本形成了我国政府采购支持企业创新的政策体系。但由于欧美一些国家认为我国这一做法违反了 WTO《政府采购协议》的非歧视性原则，2011 年 6 月起我国停止执行《自主创新产品政府采购预算管理办法》、《自主创新产品政府采购评审办法》、《自主创新产品政府采购合同管理办法》等三个文件。

确立了政府采购支持中小企业的政策制度。2011 年底，财政部、工信部联合发布了《政府采购促进中小企业发展暂行办法》（财库〔2011〕181 号），开始实施对中小企业的政府采购预留制度，即预留年度政府采购项目预算总额的 30% 以上给中小企业，其中，预留给小型和微型企业的比例不低于 60%。同时，还对中小企业参与其他政府采购项目竞标给予 6% ~ 10% 的价格扣除。

（三）初步建立了"统一监管、管采分离、集中与分散相结合"的政府采购管理体制

依照《政府采购法》，全国初步建立了在政府采购监督管理部门统一监督管理下，采购单位和采购代理机构负责具体操作执行的采购管理体制，并实行集中采购和分散采购相结合的模式，集中采

购作为最主要的采购形式，承担了全国八层多的采购量，而由采购人分散组织采购的不到两层。

1. 管采分离、机构分设、政事分开、相互制约

各地财政部门作为政府采购监管部门，负责制定政府采购政策和制度，依法监管政府采购活动；另设无行政隶属关系的政府集中采购机构和部门集中采购机构，同时通过认证组织社会代理采购机构，采购代理机构接受采购单位的委托，具体组织实施政府采购活动；采购单位（采购人）作为需求方和使用者，负责提出采购需求、项目验收和使用、资金支付。中央及各地财政部门依法出台本地区的集中采购目录和限额标准。采购单位根据批复的政府采购预算编制本单位的政府采购实施计划，具体执行采购任务时，目录内或限额外的采购项目交由政府集中采购机构统一采购，目录以外及限额标准以内的项目由采购单位自行组织采购；设立部门集中采购机构的也发布系统内的集中采购目录和限额标准，目录内或限额外的由部门集中采购机构执行，目录外及限额内的由采购单位自行组织采购。

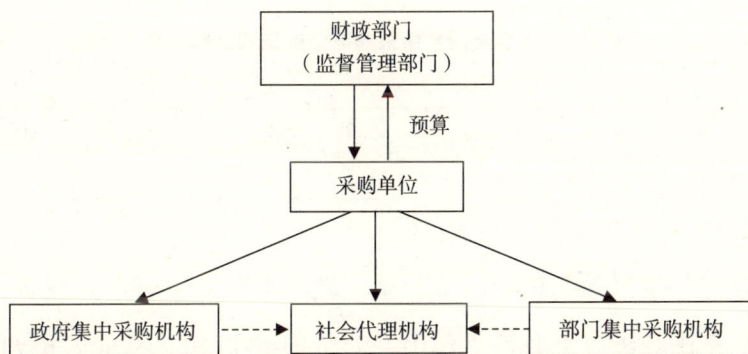

图 1.1　集中采购执行框架

目前，除河南、贵州省本级及部分市县外，全国绝大部分地区都设有政府集中采购机构。部门集中采购机构主要集中在中央层面，包括中国人民银行集中采购中心、国家税务总局集中采购中心、海关总署物资装备采购中心和公安部警用装备采购中心，少数省市也设有地方集中采购机构。依照《政府采购法》，集中采购机构为采购代理机构，一般以协议供货、定点采购、采购单位委托招标、批量集中采购、直接采购作为集中采购的实现形式。在实际操作中，无论是政府集中采购机构还是部门集中采购机构都实行了更进一步的委托，将部分采购业务交给社会代理机构组织实施。

2. 形成了以集中采购为主、分散采购为辅的采购格局

经过十年的发展，集中采购的主导地位日益突出，全国已经形成以集中采购为主、分散采购为辅的格局。既发挥了集中采购的规模优势、专业化优势，又发挥了分散采购的便捷和灵活优势，既规范了采购人的采购行为，又节约了大量财政资金。2011年全国集中采购规模占总规模的比重达到86.4%，采购单位自主分散采购仅占13.6%。

表1.6　　　2003～2012年全国集中采购与分散采购比例（%）

	2003	2005	2008	2009	2010	2011
集中采购	78.8	80.6	85.9	87.0	86.5	86.4
分散采购	21.2	19.4	14.1	13.0	13.5	13.6

数据来源：中国政府采购统计年鉴和作者计算。

目前，集中采购机构已成为全国政府采购的主渠道。截至2012年底，全国县级以上共设立集中采购机构2345家，从业人员约1.6万人。2011年由政府集中采购机构直接执行的采购规模占总规模的

68.5%，远高于《政府采购法》刚实施时 40% 上下的比重。部门集中采购机构直接执行的采购规模有所下降，2011 年占总规模的7.1%。采购单位自行组织采购的比重大幅下降，由 2003 年的16.0% 下降到 2011 年的 5.6%。社会中介代理机构占比也显著下降，由 2003 年的 31.0% 下降到 2011 年 18.9%，其中原因一个是国家要求集中采购机构原则上不得进行再委托，再一个是集中采购机构的采购能力在增强，因而之前很多委托社会中介机构组织的采购业务逐渐被收回由集中采购机构自行完成。

表 1.7　2003～2012 年全国不同采购机构的政府采购规模比重（%）

	2003	2005	2010	2011	2012
政府集中采购机构采购	42.6	38.2	67.8	68.5	65.2
部门集中采购机构采购	10.4	10.8	8.5	7.1	—
社会代理机构采购	31.0	41.3	18.0	18.9	—
自行采购	16.0	9.7	5.7	5.6	—

数据来源：中国政府采购统计年鉴和作者计算。

（四）基本确立了公开招标采购方式的主导地位，供应商公平竞争的政府采购市场初步形成

公开招标一直是我国政府采购的主要方式。经过十多年的发展，公开招标比重大幅提高，而且围绕公开招标方式，各地结合新技术、新业态，不断创新采购方式，使得公开招标在政府采购中的实际应用越来越广泛。公开招标主导地位的确立，为我国形成公开、公平竞争的政府采购市场奠定了基础。同时，各级政府采购监管部门还通过不断降低准入门槛、加强对招标文件歧视性条款管理等手段，创造了更加公平、公正的市场竞争环境。

1. 公开招标已成为政府采购的主导方式

我国《政府采购法》列出了五种采购方式：公开招标、邀请招标、竞争性谈判、单一来源采购、询价及国务院政府采购监管部门认可的其他采购方式，并明确公开招标应作为政府采购的主要采购方式。十年来，在各级政府采购监管部门的严格监管下，我国政府采购市场已基本形成了以公开招标为主导、辅以其他多种方式的采购格局。2002 年全国范围内公开招标比重仅有 48.0%，部分省市还不到 40%，但到了 2012 年，全国采购规模中公开招标比重已上升到 83.8%，一些省市甚至高达 95% 以上。其他采购方式作为辅助，都有不同程度的下降，尤其是邀请招标，比重从 2003 年的 13.4% 下降到仅有 3.0%。

表 1.8   2003～2012 年全国政府采购不同采购方式比重（%）

	2003	2005	2008	2009	2010	2011	2012
公开招标	57.2	65.5	71.6	75.2	77.0	80.7	83.8
邀请招标	13.4	7.7	4.8	4.3	3.4	3.0	—
竞争性谈判	9.3	10.6	9.4	8.6	7.6	6.3	—
单一来源采购	5.7	4.8	5.5	4.5	5.0	4.1	—
询价	14.4	11.4	8.7	7.4	7.0	5.9	—

数据来源：中国政府采购统计年鉴和作者计算。

2. 各地在实践中不断创新采购方式

随着我国信息化水平的提高和商业业态的创新，也为了更好地满足高效低价的采购要求，中央和地方都在政府采购法规定的范围内不断创新采购方式，目前各地普遍采用的采购方式主要有协议供货、定点采购、网上竞价、跟标采购等。此外，财政部和一些地方还推出了批量集中采购、联动采购、商场供货等方式。

批量集中采购是指对一些通用性强、技术规格统一、便于归集的政府采购品目，由采购人按规定标准归集采购需求后交由政府集中采购机构统一组织实施的一种采购模式。批量集中采购体现了政府采购的规模优势，通过规模换取低价，采购价格一般远低于市场价格，同时也有利于统一需求标准，规范采购人的采购行为。中央单位从 2009 年就开始试行批量集中采购，目前已将台式计算机和打印机全部纳入批量集中采购。江苏、广西等地方政府采购也已开始试行批量集中采购。

浙江省自 2010 年以来已连续三年对 19 类协议供货项目开展全省联动采购，由浙江省财政厅牵头会同省采购中心统一协调组织，发挥 11 个省市采购中心各自的专业特长，分工实施招标采购通用类产品，共享采购结果，协同市场监管。广东省从 2011 年开始推行商城供货模式，对打印机、复印机、摄像机、电脑等通用类产品，通过公开招标确定供货商场而不再是代理商，如深圳宝安区 2011 年确定了苏宁、国美、顺电、天虹 4 家供货商场，并在政府采购网上建立与商场门店一致的虚拟商场，采购单位可通过网上商场选购物品，货款由国库集中支付。商场供货模式实现了政府采购价格的市场化和透明化。

3. 公平竞争的市场环境已初步形成

公开招标是形成公平竞争市场环境的基础，信息公开、专家评审、供应商投诉等都是维护公平竞争的重要手段。十多年来，通过大幅提升公开招标比例，加强政府采购的过程监管，全国范围内已初步形成了一个公平竞争的市场环境。此外，各地在实际操作中还不断利用新技术、新方式，破除供应商公平参与的障碍，优化市场竞争环境。首先采购机构利用信息化手段创新采购方式，扩大信息公开范围，让更多供应商了解采购信息，便利地参与政府采购市场。如很多地方已对电脑、打印机、空调等通用类、标准统一的货物采用网上公开竞价的方式，让更多的卖家通过网络平台参与竞标。

其次，不断降低准入门槛，使更多企业尤其是中小企业能够参与政府采购市场。如浙江省从 2012 年开始大力推行供应商网上报名和资格预审，取消集中采购机构招标文件工本费，其他采购组织机构（包括中介代理机构）减半收取招标文件工本费，降低中小企业保证金交纳比例，对诚信指数高的中小企业免收保证金等。很多地方都已禁止招标文件中对供应商注册资金、资产收入等的规定。

第三，加强对招标文件限制性条款和排他性条款的管理，让政府采购市场竞争更充分、更有效。如深圳市 2013 年 6 月实施的《深圳经济特区政府采购条例实施细则》明确规定了采购人招标文件的"五不准"，即不准有与项目等级不相适应的资质要求；不准标明特定的供应商或者产品，指定品牌或原产地，要求制造商授权；不准根据某个企业或者品牌的产品说明书或技术指标编制采购需求参数；不准将注册资本、资产收入、业绩经验、经营网点等条件作为合格供应商资质条款；不准含有其他歧视性、排他性等不合理条款。

（五）政府采购监督管理工作不断加强

经过各级政府采购监督部门十多年的努力，我国政府采购市场已形成了由财政部门综合监督、监察审计部门专业监督、供应商自我监督和社会舆论广泛参与的多元监管体系，信息公开、日常监管、年度考核、供应商投诉和处理等监督机制不断得以强化，不仅规范了采购人的采购行为，有效遏制和预防了政府采购活动中暗箱操作和权力寻租等腐败现象，而且也切实保障了各方当事人的合法权益，维护了政府采购活动的公平、公正。

1. 强化信息公开，提高了政府采购透明度

公开透明是我国政府采购要求遵循的基本原则之一，《政府采购法》规定"政府采购项目的采购标准应当公开"，"采购人在采购活动完成后，应当将采购结果予以公布"。财政部也早在 2000 年发布了《政府采购信息公告管理办法》，并在 2003 年根据《政府采购法》进行了修订。根据该办法，政府采购信息公开范围广泛，除涉密信息外，相关政策法规、招投标信息、采购机构的考核结果、供应商的投诉处理决定等信息都要求在指定媒体公开，其中公开招标公告、邀请招标资格预审公告、中标公告、成交结果及其更正事项等都是要求公开的招投标信息。十多年来，中央和地方各级财政部门不断强化信息公告管理工作，扩大信息公开覆盖范围，大大提高了政府采购的透明度，为全社会监督政府采购行为创造了基础条件，使得政府采购被誉为"阳光下的交易"。

表 1.9　　　　2008～2011 年全国发布政府采购信息公告情况　　　单位：条

	2008	2009	2010	2011
信息公告总计	349806	361232	771653	500683
采购需求公告	181415	188673	243618	262203
中标成交结果公告	161436	165639	521340	232123

数据来源：中国政府采购年鉴。

2. 建立起了日常监管与年度考核相结合的制度

经过十多年的发展，我国从中央到地方都已建立起了由财政部门、监察审计部门、供应商和社会舆论共同参与的多层次、立体式的监督体系，基本形成了以财政部门为核心的常态化综合性监管，包括对各类招标文件进行审查、对供应商投诉案件进行处理、对各类供应商不良行为进行调查和跟踪等等。一些地方在实际工作中还不断创新监管工作，如浙江省在全国首创和推行政府采购协管员制度，河南省建立起了由各部门监察人员、人大代表、政协委员等为督导员的政府采购督导员制度，强化了对政府采购活动的有效监督。

在此基础上，近几年中央和地方都开始尝试对采购代理机构进行年度考核，这是政府采购管理从直接管理向间接管理的创新和转变，也是从流程监督向绩效考核的尝试。财政部从 2010 年起开始对中央集中采购机构和中央部门集中采购机构进行考核，重点查找集中采购机构在执行法律制度、操作执行和内控机制等方面存在的缺失和薄弱环节。一些地方也在近几年开始推行对采购机构的考核制度，如浙江省从 2010 年起先后出台了《集中采购机构考核办法》、《中介采购代理机构考核办法》，省财政厅牵头并会同监察厅、审计厅，每两年一次定期对包括社会代理机构在内的采购机构的"机构建设、制度建设、业务建设、绩效考核、社会评价"等内容进行考核，推动代理机构专业化发展。2010～2013年，浙江省已对代理机构开展了两轮考核，"以考促建"的效果逐步显现，各机构无论是机构队伍建设还是业务建设都取得显著进步，社会平均满意度从第一轮的83%上升到90%。

3. 供应商投诉处理机制逐步规范和完善

供应商投诉是保障供应商权益和规范政府采购行为的重要措施。《政府采购法》规定质疑供应商对采购人、采购代理机构的答复不满意的，可以向同级政府采购监管部门投诉，监管部门收到供应商投诉后，应"对投诉事项作出处理决定，并以书面形式通知投诉人和与投诉事项有关的当事人"。2004年，财政部出台《政府采购供应商投诉处理办法》，细化了供应商投诉的各个事项，明确了投诉条件、投诉内容、投诉处理等内容。随后几年，各地根据实践经验，纷纷出台了相应的供应商投诉处理规程，如山东省在2007年发布了《政府采购供应商投诉处理操作规程》，浙江省在2008年印发了《浙江省政府采购供应商投诉处理工作文书（示范本）》，广东省在2011年制定了《政府采购投诉处理、行政复议及行政应诉工作规程》，这些规程和范本进一步规范了政府采购投诉处理程序，大大提高了投诉处理的科学性、及时性和正确性。此外，各地政府监管部门还借助法律顾问、专家、权威部门、行政诉讼及行政复议部门等多方力量参与投诉处理，提高了政府采购投诉处理手段，确保投诉处理的合理合法，切实保障各方政府采购当事人的合法权益。

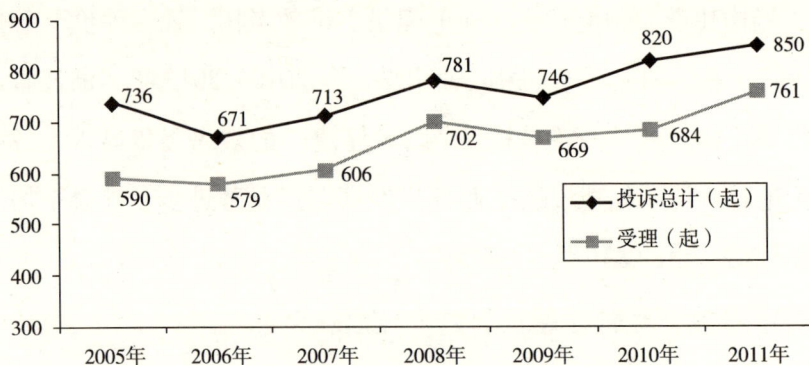

图 1.2 全国政府采购供应商投诉和受理情况

（六）政府采购的政策功能初步显现

自 2004 年开始推进节能产品采购以来，我国政府采购的政策功能在不断拓展，从最初支持节能环保、信息安全等逐步向支持企业技术创新、促进中小企业发展等领域迈进，成效也已初步显现。目前，节能环保产品在政府采购的同类产品中已占绝大部分，且比例还在不断提高，中小企业参与政府采购得到了各地多种措施的支持，全国八层以上的政府采购规模由中小企业供应商获得。

1. 节能环保产品已成为政府采购同类产品的主体

通过不断完善和落实节能产品强制采购、环保产品优先采购制度，节能环保产品已成为同类产品采购的主体，年采购规模和占同类产品的比重快速提高，政府采购的示范和引领作用得到了较好的发挥。截至 2012 年底，我国节能产品清单已有 54 种产品、5.8 万个型号/系列，环境标志产品清单已有 83 种产品、近 3.8 万个型号/系列。

　　节能环保产品已成为政府采购同类产品中的主体，2012 年全国节能、节水产品政府采购规模达 1281 亿元，环保产品采购规模达 940 亿元，分别占同类产品的 84.6% 和 68.3%。一些地方政府采购的节能环保产品占比甚至高达 90% 以上，如山东省 2012 年节能、环保产品采购规模分别为 92 亿元和 73 亿元，各占同类产品采购总额的 92.3%、82.2%；河北全省全年采购节能节水产品 95 亿元，占同类产品全部采购额的 95.6%，省级采购节能和环保产品 46 亿元，占同类产品全部采购额的 89.1%。

表 1.10　　　　2008～2012 年全国节能环保产品采购规模和比重

		2008	2009	2010	2011	2012
节能产品	总额（亿元）	132	157	722	911	1281
	占同类产品比重（%）	64.0	64.6	77.6	82.2	84.6
环保产品	总额（亿元）	171	145	602	740	940
	占同类产品比重（%）	69.0	73.8	55.4	59.6	68.3

　　注：2008～2009 年与 2010～2012 年两个阶段的统计口径不同。
　　数据来源：中国政府采购年鉴（2008～2012 年）、财政部文件。

2. 中小企业在政府采购中得到了多元支持

　　首先，全国各地都积极落实和创新中小企业 30% 的政府采购预留制度，全国有八成的政府采购合同金额授予了中小企业。如浙江省要求预算金额不超过 300 万元的项目应专门面向中小企业采购，预算金额在 50 万元以下的省级项目，"定向"中小企业采购，全省 2012 年完成实际政府采购合同金额 836 亿元，中小企业为 698 亿元，占比 83.5%。

　　其次，对参与政府采购的中小企业给予融资支持。财政部 2011 年下发《关于开展政府采购信用担保试点工作的通知》，决定在中央本级和全国 8 个省（市）实行政府采购信用担保工作，即由专业担保机构为中小企业供应商向采购人、代理机构、金融机构提供保证。随后一些非试点省也加入进来，目前已在全国绝大部分地区推开。如湖南省早在 2010 年就与 5 家银行签订合作协议，为政府采购中标中小企业提供以中标通知书和合同为信用抵押凭据的贷款（授信）服务，2011 年和 2012 年实现合同贷款分别为 1.15 亿元、1.8 亿元。浙江省从 2012 年开始试点政府采购支持中小企业信用融资，中小企业供应商以政府采购合同为基础，可以向试点银行申请优惠利率的政府采购信用融资。截至 2013 年 3 月底，浙江省已有超过百家中小企业与试点银行达成合作意向，累计授信额度 2.88 亿元，实际放款 1.18 亿元。

此外，各地还通过供应商网上报名和资格预审，免收或减半收取招标文件工本费，免交或少交投标保证金等方式，支持中小企业供应商参与政府采购。

（七）政府采购信息化水平不断提高

信息化建设是政府采购公平、公正和高效的保障，也是治理腐败的有效手段。我国推行政府采购以来，各地都非常重视政府采购的信息化工作，目前各地普遍建成了省市级的电子采购平台，形成了从采购信息公告到招标评审全流程的电子化运作，不仅极大地推动了政府采购管理工作的科学化和精细化，促进了政府采购市场的有效竞争，也大大降低了不正当交易行为和腐败行为的发生，为"阳光采购"提供了技术保障。

1. 各地普遍建立了省市级电子采购平台

自 2000 年开始，各地就开始建设以政府采购网为核心的电子采购平台，目前从中央到省市级基本都建成有电子采购平台，很多东部省市已形成了覆盖省、市、县三级的电子化采购系统，中西部地区也都在积极向县一级推进。中央国家机关政府采购中心在 2004 年初建成中央政府采购网，经过逐步完善目前已形成了包括采购人库、供应商库和商品信息库等三个库和协议供货、定点采购、网上竞价、小额采购和电子辅助招投标等五个系统在内的"一网三库五系统"的电子采购平台，电子采购交易额逐年大幅提升，从 2004 年的 11 亿元扩大到 2011 年的 98 亿元，占采购中心当年采购总额的 57.5%。上海市从 2007 年开始推进以"电子集市"为重点的全市一体化政府采购信息管理平台建设，将规格标准统一、现货货源充足、采购次数频繁的产品，如计算机、打印机等办公用品，通过统一招标进入"电子集市"，再由采购人根据各自需求，在集市中通过在线议价、反拍和团购等方式进行采购交易，并由监管部门通过自动预警和监控等模块，实行实时监控。截至 2013 年 6 月底，上海市电子集市共有 29 类协议采购产品，511 个品牌 7212 个产品，2012 年电子集市交易额达到 16.2 亿元。

由于计算机、打印机等电子类产品市场价格变动频繁，电子采购平台存在招标周期长、与外部市场分割等问题，容易造成平台价格高于市场价格的情况。为此，各地都加强了对电子采购平台供货产品的价格监测工作，通过引入独立的第三方评估机构定期对电子采购平台产品进行价格评估，并根据评估报告约谈供应商调整产品价格或型号，使得电子采购平台不仅高效、便捷，产品质量和价格也能得到保障。

2. 电子化手段已深入到政府采购的各个环节

目前很多地区都已实现了从采购公告发布到中标评审全流程的电子化过程，尤其是评标环节，因受评审专家习惯、保密要求等约束，较难实现电子化，但一些地方也积极通过方式创新不断推进尝试网上评标。深圳市从 2005 年开始推进网上政府采购统一操作平台建设，目前已经在全市范围内实现了管理信息资源共享，建立起了全市统一的政府采购结果公告系统，全市统一的专家抽取系统，全市统一的供应商库，对评标专家和供应商违规行为的及时录入系统，实现了政府采购计划申报、供应商投标、专家评标等全面的网上办公。上海市从 2012 年开始在全市范围内推进电子招投标系统，截至 2013 年 8 月底，上海市级和区县采购中心以及部分社会代理机构已完成了 151 个采购项目的上线试运行。

在预算与支付环节，随着 2006 年全国"金财工程"建设的推进，政府采购前后端的信息化水平也得到了大幅提高，很多地方均已实现了从政府采购预算和计划编制到采购执行与集中支付完整的电子化运作链条。

二、存在的主要问题

我国政府采购还处于初级阶段，目前主要存在两大类问题：一是在实际执行过程中暴露出来的一些制度缺陷，比如采购范围、机构设置、采购方式选择等问题，反映出来是价格高、质量差、效率低、采购随意性大等等，需要进行制度修正和优化；二是随着政府采购规模的不断扩大，政府职能转变的持续推进及加入政府采购协议等新形势的出现，我国政府采购需要在更多领域、更大范围发挥重要作用，成为支出管理的重要组成。

（一）政府采购覆盖范围窄，很多财政支出资金尚未纳入政府采购监管范围

2012 年全国政府采购金额约为 1.4 万亿元，占同年全国财政支出的 11%，GDP 的 2.7%，而国外多数国家政府采购资金一般占到 GDP 的 10% 或者财政支出的 30%～40% 左右，这表明我国还有很多财政支出资金尚未纳入《政府采购法》监管，政府采购存在覆盖范围窄的问题。

产生这一问题的原因主要有四个方面：一是由于《政府采购法》与《招投标法》间的冲突还没有完全理清，很多工程项目适用《招投标法》，而没有完全被纳入政府采购监管。二是各地依据《政府采购法》所确定政府采购资金范围宽窄不同。各地对"应采尽采"理解不同，一些省份依据单位性质将"全口径"资金纳入政府采购，而一些省份只将财政性资金纳入政府采购，政府机关、事业单位和团体组织所使用的非财政资金并没有完全纳入政府采购范围。三是公共服务采购没有纳入政府采购。政府购买公共服务属于政府采购范畴，但现有《政府采购法》所规定的服务采购仅限于满足政府自身运行的专业服务和后勤服务，社会公共服务没有被列

入采购范围。四是非财政资金的公共项目尚未纳入政府采购。

（二）政府采购"管采架构"地区间差异较大，未来发展方向不明确

1. 各地政府采购管理架构模式多样，不利于统一监管

目前仍有部分地市及以下地区未实行"管采分离"。已实现"管采分离"的又可分为两大类模式：一是设立政府采购中心，作为集中采购机构强制执行目录内和超限额采购。全国绝大部分地区都属于这一类，但政府采购中心的管理隶属关系与机构性质各地又存在着较大差异。从管理隶属关系看，除仍隶属于财政部门外，个别由一级政府直属，有的隶属于省市级人民政府办公厅、有的隶属于省级市机械设备成套局，有的隶属于省级政府采购管理委员会，大多数则由机关事务管理局、发改委、商务部门、国资委等机构管理或代管，有的不隶属任何部门，属于企业性质，有的从财政部门分离后、又由财政部门代管。从机构性质看，主要有政府职能部门、参公管理单位、全额拨款事业单位、自负盈亏事业单位和企业五大类。从目前各地的发展趋势来看，参公管理倾向较为突出。

二是不设政府采购中心，全部交社会代理机构执行政府采购任务。北京市朝阳区政府采购中心曾经在财政系统内，为了更好地厘清职能，朝阳区在 2005 年撤销了采购中心。江西省政府采购中心成立于《政府采购法》出台前 2 年，直属于财政厅，2009 年实施"管采分离"时，采购中心更名为省财政绩效评估中心，所承担的省级政府集中采购业务划转江西省机电设备招标公司组织实施。河

南省本级及部分地市、贵州省本级、烟台等从一开始就没有设置政府采购中心，一直委托社会代理机构进行采购。

表1.11　　　　　　　各地典型的政府采购管理架构

	北京	浙江	深圳	河南
是否设政府采购中心	市级设，区级朝阳区不设，其他区县设	省市级均设	市、区级均设	省级不设，地市大部分都设
政府采购中心管理隶属关系	国资委代管	机关事务局代管	市政府直属	—
集中采购比例（%）	20	70	较高	少于10

资料来源：调研整理。

2. 全国公共资源交易中心建设对政府采购管理架构有重大影响

目前全国许多地方都在尝试建立公共资源交易平台，实现公共资源统一进场、集中交易。截至2013年10月，全国已建立县级以上公共资源交易市场730个，其中省级公共资源交易市场8个，市（地）级公共资源交易市场159个，县级公共资源交易市场563个。在公共资源交易中心与政府采购的关系处理上，各地做法差异很大，一些地方继续保留了政府采购中心，独立运作；一些地方是一套人马两块牌子；一些地方将政府采购中心并入到公共资源交易中心，成为交易中心的一个部门；个别地方甚至将部分或全部政府采购监管部门职责也纳入到交易中心，如安徽部分市县，成立了招投标管理局作为公共资源交易中心的监管部门，一些地方的招标投标管理局受理并处理政府采购投诉；经过财政部门审核通过的采购方式变更、采购文件备案等，须经公共资源交易平台再次审核。这种将政府采购中心和政府采购监管职责整合于平台的做法与《政府采购法》的规定不相符，又形成了新的"管采不分"，不利于政府采购市场的统一规范，也不利于进一步的政府采购制度改革。

3. 地区间差异大的主要原因是集中采购机构定位不清

造成"管采架格"地区间差异大、变化随意的原因有多个方面：首先《政府采购法》规定"设区的市、自治州以上人民政府根据本级政府采购项目组织集中采购的需要设立集中采购机构"，并没强制要求各地都必须设立集中采购机构，对"管采分离"也没统一的实施办法。

其次，现有制度对政府集中采购机构的定位和发展目标不清晰。政府集中采购机构究竟是代理机构还是管理机构？具体应承担什么职能？未来是走专业化道路还是应行使部分监管职能？对这些问题在实际工作中并没有形成一致认识。此外，部门集中采购机构同样也存在定位不清的问题，部门集中采购机构对内是采购执行机构，对外实际上是采购人，究竟应定位为采购代理机构还是采购人的延伸，并不清晰。

表 1.12   三类采购代理机构的实际差异

	政府集中采购机构	部门集中采购机构	社会代理机构
是否有权与供应商签订合同	部分是	是	否
是否委托招标	部分是	是	否
服务对象	政府采购单位	本部门	全社会

资料来源：作者调研。

第三，各地实际情况差异大，有的县市政府采购额较小，不宜另设采购机构来执行，有的地区社会代理机构多，依托社会代理机构执行政府采购活动更有效率。

（三）"价高质次"问题比较突出，政府采购依然是腐败多发地

"豪华采购"、"天价采购"时有发生，受社会舆论诟病多，也影响民众对政府采购的信任度。近几年，各地政府采购陆续曝光"天价 U 盘"①、"天价内存条"② 等事件，随意购买高档物品的现象较多，有的单位不顾实际需要一味讲排场，"只买贵的，不买对的"，采购高档产品，明确提出要采购进口产品；有的希望采购市场上最好的产品，明显超出基本办公需要，甚至加上了某些不合理的个性化要求。协议供货尽管只占全国政府采购规模的 12%，但该模式下产品协议价格高已成为一个普遍问题，尤其是市场价格变化大的电子产品，在 2013 年 6 月某省监测的协议供货的 271 款在销产品中，21 款产品协议价格高于同期畅销价，其中最高高出市场价格 20% 多。另一方面，高价格并没有带来采购项目的高质量，反而形成了采购的逆调整，即高价低质量产品挤出低价高质量产品，最终造成低质高价的结果。

政府采购依然是腐败多发地。政府采购项目招标中的"围标"、"串标"、"轮流坐庄"现象屡见不鲜；采购人与供应商勾结，通过设置歧视性条款为特定供应商"量身定做"招标文件；代理中介机构通过其在政府采购中的特殊身份，与委托人、投标人、评标人、监管人里应外合，使本应客观公正的招投标程序变成过场把戏；采

---

① 2010 年 12 月 20 日，媒体曝光了辽宁抚顺财政局通过网上招标采购了 7 台苹果 iTouch4 当 U 盘用，该新闻曝光后，立即遭到众网友质疑。

② 2011 年 11 月 28 日，网上一贴曝出中科院某下属单位采购一条"惠普 128M 内存条"，价格为 6247 元，高于市场价逾 9 倍，引发网友一片热议。

购中心指定采购代理机构、指定供应商，滥用职权、收受贿赂，如
2008 年曝光的广州市政府采购中心"窝案"，多名工作人员被立案
调查。

造成"价高质次"、腐败多发的根本原因在于我国政府采购的
法律、制度不完善，具体包括以下几个方面。

第一，政府采购责任人缺位。现行政府采购制度包含了多层委
托代理关系，采购单位委托集中采购机构执行，集中采购机构委托
专家委员会进行评标，采购单位被边缘化。这种按环节"分兵把
守"的采购过程，看似环环有责任人，实际上是最终责任人缺失，
造成了我国政府采购的竞争假象，即程序性竞争充分，而竞争有效
性不足。比如，专家评审委员会在很多采购中已成为了采购人和采
购机构违规操作的"挡箭牌"或"替罪羊"。

第二，政府采购需求管理不到位。由于政府采购需求标准欠
缺，预算粗糙，使得采购随意性大，重复采购、盲目采购、超标准
采购等现象时有发生。

第三，以行政监管为主的监管制度难以形成有效监管。目前我
国政府采购监管以行政监管为主，财政部门、监察部门、审计部门
作为监管主体都行事监管责任，而没有一个超越政府部门的监管机
构，难以形成有效监管。一些省市已开始尝试超越政府部门的监管
模式，如广东省 2010 年发布的《实施〈中华人民共和国政府采购
法〉办法》第五十四条、第五十五条已将实施监督检查的主体规定
为人民政府和人大，财政部门扮演的只是"协作配合"的角色。

第四，政府采购信息公开程度远远不够。信息公告目前存在着
内容缺失、缺少规范性等问题，很多地方成交公告不提供或不同时

提供采购的商品型号、具体配置和对应单价等关键信息，有些仅列明采购货物的大类别和数量，有些仅公布商品型号和配置、告知总中标金额，却不公布采购数量和单价。由于无法掌握政府采购的完全信息，使得社会舆论无法进行有效监督。

（四）集中采购比例高规模大，采购效率低下

各地采购单位普遍反映集中采购周期长、效率低，采购满意率差，而且随着政府采购范围、规模的逐步扩大，政府采购效率低、周期长的问题将越来越突出。在对全国 207 个政府采购监管、执行机构和采购单位的问卷调查①结果显示，60.8% 的受调查机构认为目前我国政府采购存在的最主要问题是"整体采购效率低下"，排在所有选项的第二位，其中采购人最为显著，近 2/3 的采购人都认为效率低下是最主要的问题。

造成采购效率低下有采购流程长、采购预算不及时等原因，但核心还是在于采购过于集中：一是集中采购比例高、规模大，绝大部分又以公开招标的方式进行，导致采购时间长、效率低。《政府采购法》要求"集中采购与分散采购相结合"，而在实际运作中，各地均以集中采购为主，全国政府集中采购比例已接近 70%，部分地区甚至在 90% 以上，这就使得集中采购机构的采购任务非常繁重。二是集中采购要求与集中采购机构的能力不适应。集中采购机构一般按事业单位或参公单位管理，受其单位性质和编制约束，集

---

① 2013 年 12 月，国务院发展研究中心公共管理与人力资源研究所"完善政府采购制度体系和运行机制研究"课题组联合财政部政采办对山东、山西等 11 个省的政府采购监管部门、集中采购机构和采购人进行了问卷调查，共回收有效问卷 207 份。

中采购能力相对较弱。集中采购机构多则几十人、少则几人，一般性人员多、专业人才少，内部机构设置、激励机制等都不符合现代采购的要求。

（五）国家正赋予政府采购更多政策功能，但现有制度体系并不能提供足够支撑

问卷调查结果显示，70.0%的受调查机构认为"没有有效地发挥政策功能"是目前我国政府采购存在的最主要问题，排在所有选项的首位，其中有80%多的监管机构和集采机构都认为"没有有效地发挥政策功能"是主要问题，52.0%的采购人认为是仅次于"采购整体效率低下"的重要问题。这一问题的存在，最主要的原因还是政府采购法律法规及制度体系的不完善。

首先，我国政府采购的宗旨是"提高政府采购资金的使用效益，维护国家利益和社会公共利益，保护政府采购当事人的合法权益，促进廉政建设"，并没有将发挥政策功能或"支出价值最大化"作为宗旨或目标。尽管《政府采购法》第九条提到了"政府采购应当有助于实现国家的经济和社会发展政策目标"，但具体怎么做并没有做出规定，这也使得政策功能在实际操作中很难发挥。问卷调查也显示，接近1/3的受调查机构认为"缺乏具体的政策措施"是政府采购发挥政策功能的主要障碍，23.0%的受调查机构认为是"政府采购制度体系对发挥政策功能的引导性不够"，两者相加超过一半。

其次，《政府采购法》其他有关条款反而限制了政策功能的发挥，如第二十二条规定，供应商参加政府采购活动应当具备"具有

独立承担民事责任的能力"、"参加政府采购活动前三年内,在经营活动中没有重大违法记录"等条件,这些条件限制了一些中小企业进入政府采购市场,如不具有独立承担民事责任的个体工商户和合伙制企业,成地立时间不到三年的企业等等。

第三,为落实政策功能而制定的采购政策还存在落实难和无据可依的问题。如在政府采购支持企业技术创新方面,《国家中长期科学和技术发展规划纲要(2006~2020年)》和《科技进步法》要求实施促进自主创新的政府采购制度,但《政府采购法》没有明确的条款,实践中现在也没有具体可操作的政策措施,各地普遍反映无据可依。

总的来说,造成以上五个方面问题的根本原因还在于我国政府采购的法律法规与运行机制的不完善,具体表现在法规体系不健全,法律过度强调采购程序,缺乏对政府意志的必要体现,采购机构的权责不对等,采购人责任缺位。问卷调查结果显示,72.2%和53.8%的受调查机构分别认为法律法规与运行机制是本质原因,排在所有选项的前两位,且有56.0%的受调查机构认为法律法规是首要原因。对采购人而言,"采购机构的定位和性质不明确,管采机构之间边界不清","监督体系不健全,行政关系未理顺,社会监督没跟进"也是造成政府当前采购效率低下、价高质次的重要原因。

执笔:袁东明

专题二
政府采购的功能、定位和目标

政府采购是市场经济国家规范公共财政支出管理的普遍做法，也是现代国家治理体系建设的重要内容。政府采购的功能、定位和目标，是关于政府采购的顶层设计，对建立健全政府采购的制度体系，充分发挥政府采购的政策功能，具有重要影响。

一、政府采购的功能、定位和目标

政府采购是现代国家治理体系建设的重要内容，在经济社会发展中具有重要地位。

（一）政府采购是市场经济体制建设的重要内容

政府采购是市场经济条件下规范公共财政支出的重要手段。从某种角度看，政府采购与市场经济是相伴相生的，政府采购制度的建立和完善，本身属于完善市场经济体制建设的重要内容。

市场经济的基本要求，是使"市场在资源配置中起决定性作用"。政府采购确定的各项原则、方法，都是要求政府的财政支出行为，不能与市场经济的基本原则相冲突，而要体现市场经济的价值规律。如政府采购要求的公平、公正、公开、透明的原则，以及坚持最低价格和最佳价值相结合的原则，都要求政府的财政支出行为，必须反映市场经济的公平竞争，并体现价值规律。政府采购的公开招投标、协议供货等方式，则是从采购形式上对财政支出行为进行约束和限制，以体现市场经济的规则和精神。总体而言，市场经济体制越成熟，政府的公共财政支出行为就越符合市场经济的规则，而政府采购制度是规范政府的公共财政支出，协调财政支出行为与市场经济规则的必然选择。

政府采购要适应市场经济的规律和要求，也包括政府自身职能的调整和优化。在现代国家治理体系中，政府的职能包括宏观调控、市场监管、社会管理和公共服务等。政府采购制度为政府职能的精简和优化提供了基础和条件。政府承担的社会管理和公共服务职能，可以更多依靠市场和社会的力量实现，政府通过购买的方式获得这些管理和服务，政府的职责主要是服务购买和质量监管。在这种模式下，政府的职能更加精简和优化，也可以充分发挥市场和社会的作用，提高国家治理的能力和效率。

（二）政府采购是规范财政支出管理，促进廉洁行政的重要手段

政府采购是规范财政支出，促进廉政建设的重要手段。政府采购是使用财政资金购买商品、服务或工程的行为，通常规模较大。在许多发达国家，政府采购的规模通常占 GDP 的 15% ~ 20% 。政

府采购规模庞大，利益复杂，很容易产生寻租腐败等行为。因此，绝大多数国家都把政府采购制度作为反腐败的重要手段。政府采购制度把财政支出行为纳入规范化、程序化的制度体系，减少暗箱操作，预防权力腐败。如通过公开招投标等方式，以及信息化、透明化机制，促进采购过程的公开、公平、公正，使政府采购成为"阳光下的交易"，从而在制度设计上，抑制权力腐败的发生。此外，政府采购也是保障财政资金规范运行、提高财政资金使用效率的重要手段。通过政府采购制度，节约财政资金，是"为民理财"的重要体现。

（三）政府采购是实现经济社会目标的重要手段

从各国经济社会发展的基本规律看，政府承担的社会管理和公共服务职能越来越多，公共财政的支出规模也越来越大。相应的，政府采购的规模也不断扩大。根据西方发达国家经验，政府采购规模普遍占 GDP 的 10% 以上，其规模和结构的变化对经济发展、产业结构等方面都具有巨大影响。随着采购规模的扩大，政府采购在经济社会中的地位和作用不断提升，是政府实现经济社会目标的重要手段。近几十年来，许多国家都把政府采购作为重要的政策工具，在保护本国产业，促进产业结构优化，扶持中小企业和自主创新，促进资源节约和环境保护等方面，充分发挥政府采购的作用。如美国在 1933 年就通过了《购买美国产品法》，以更好地保护本国工业，促进经济恢复和发展。20 世纪五六十年代，又通过政府采购推动航天航空、计算机、半导体等高新技术产业的发展。充分发挥政府采购的政策功能，是实现多元化的经济社会发展目标的重要手段，也是各国经济社会发展的普遍趋势。

总体而言，政府采购是现代国家治理体系建设的重要内容。政府采购的功能、定位和目标，可以分为三个层次。第一层次是基础定位，政府采购是基于市场规则完成购买行为，保证政府日常政务需要，公平分配订单。二是核心定位，通过政府采购制度实现节支反腐等功能目标。三是衍生定位，通过发挥政府采购的政策功能，实现多元化的经济社会发展目标。

表 2.1　政府采购功能、定位和目标

政府采购的基本定位	政府采购的主要功能	政府采购基本目标
基础定位	满足政府政务需要 保障公共财政的支出行为符合市场经济的基本理念和规则 精简和优化政府职能设置，促进政府职能转变	完善市场经济制度 理顺政府和市场关系，建立健全与市场经济制度相匹配的政府职能体系
核心定位	节约资金 预防腐败	促进财政支出的制度化、规范化、合理化，提升政府形象
衍生定位	政策功能：保护本国产业，促进产业结构优化，扶持中小企业和自主创新，促进资源节约和环境保护等	发挥政策功能，促进经济社会和谐发展，提升国家治理能力

二、政府采购的发展历程回顾和发展阶段分析

从政府采购的发展历程看，我国的政府采购还处于初级阶段，成绩值得肯定，但是问题也比较突出。

（一）政府采购的成绩值得肯定

政府采购的规模范围迅速扩大，制度建设日渐完善，经济社会效益逐渐显现。从政府采购的规模看，2012 年全国纳入监管的政府采购规模已扩大到 1.4 万亿元，政府采购规模占国家财政支出的比重上升到 11.1%。从政府采购的范围看，逐渐从以货物类为主，扩大到货物、工程和服务三大领域，并且三大领域政府采购清单的产品范围也不断扩大。从政府采购的经济社会效益看，2002 年以来政府采购每年的资金节约率都在 10% 以上，2002～2012 年累计为国家节约资金 8000 多亿元，财政资金的使用效益大大提高①。与此同时，政府采购社会效益也日渐显现，如依法采购的思想观念和工作作风正在形成，中小企业、自主创新企业、节能环保产品等得到支持和鼓励。

政府采购的制度建设日渐完善。法律基础方面，2002 年《中华人民共和国政府采购法》颁布，标志着我国政府采购工作进入了法制化、规范化的轨道。随着《集中采购机构监督考核管理办法》、《政府采购评审专家管理办法》、《政府采购信息公告管理办法》、《政府采购货物和服务招标投标管理办法》、《政府采购代理机构资格认定办法》等一系列法律法规和政策文件的颁布，以《政府采购法》为核心的法律法规及政策体系逐渐形成。管理体制方面，根据管采分离原则，政府采购管理机构、采购单位和集中采购机构三者之间的工作职责分工逐渐明确，"管采分离、机构分设、政事分开、

---

① 数据来源：各年度《中国政府采购统计年鉴》。

相互制约"的工作机制基本形成，初步建立了采购管理机构统一领导下的集中采购机构和采购单位具体操作执行的采购管理体制。采购方式方面，初步形成了以集中采购为主、部门集中采购和分散采购为辅，三种组织模式并行且相互补充的采购格局；形成了公开招标方式为主、其他采购方式为辅的采购框架。政府采购的信息化程度不断提高，信息公开、公平竞争的市场环境初步形成。

（二）政府采购的问题日渐凸显

政府采购制度推行以来，短时间里取得很大的成绩，但总体而言，政府采购与市场经济的需求还不相匹配，制度建设相对滞后于实践发展，问题日渐凸显。特别是在政府采购的制度化、规范化建设方面，还存在较多问题。具体而言，主要有以下几个方面：一是法律法规和制度体系不健全。政府采购的法律体系不健全，法规、政策的统一性、稳定性、连续性较差，部分法律法规相互矛盾。如《政府采购法》和《招投标法》的关系没有理顺，法律适用过程中存在相互打架和难以衔接的地方。另外，部分法律法规对政府采购的规定过于笼统，解释空间过大，《政府采购法实施条例》至今未能出台，造成执法难，随意性大等问题。如根据我们对采购人的问卷调研：我国《政府采购法》存在的最主要问题是缺乏对采购需求、合同、履约验收管理方面的细化规定及法律责任。二是政府采购的管理体制和运行机制不规范。如政府采购管理部门和政府采购执行机构没有完全分离，造成监督机制弱化。政府采购的信息管理需要更加的规范化、透明化等等。此外，政府采购政策还存在歧视性规则过多，采购方式比较单一，监督机制不完善，运行管理不规范，资金预算约束力不强、结算控管不严格等问题。

政府采购实践中出现的问题，如"暗箱操作"、"串标"、"围标"等行为，不仅影响到政府采购的效率，而且对公平竞争的市场经济秩序造成破坏，并影响到政府的廉政建设和执政基础。从近几年的相关报道看，政府采购质次价高、权力腐败等问题比较严重，政府采购中滥用资金、天价采购，采购明显超过机关办公基本需求的高档、高配置产品等问题，不断引发公众和舆论的质疑。完善政府采购的制度建设和政策体系，促进政府采购的制度化、规范化、透明化，是我们需要解决的重要任务。

（三）政府采购总体还处于初级阶段

从政府采购的发展历程看，我国的政府采购还处于初级阶段，政府采购的问题是发展过程中的问题，只能在发展中解决。我国自1996 年开始政府采购试点工作，至今不到 20 年，比起西方政府采购制度 200 多年的历史来说，我国政府采购制度还很年轻。虽然当前的政府采购制度体系比较粗糙，既有制度体系不健全、制度漏洞较多的问题，也有制度设计不合理、现实可操作性差等问题，但是客观地讲，我国在短时间内建立了政府采购的制度框架，在不到 20 年的时间内，政府采购从无法无章到有法可依，从零星购买到规模采购，从无序混乱到规范竞争，制度建设的成绩值得肯定。从西方发达国家的政府采购发展历程看，也都经历了从不完善到完善的过程。当前我国政府采购出现的问题，是发展过程中出现的问题，与我国的现实国情，以及政府采购的发展阶段有关。因此，不是"政府采购制度"这种制度模式有问题，而是政府采购制度不健全、不完善，导致政府采购出现许多问题。解决这些问题的出路，不是削弱或废除政府采购制度，而是强化政府采购的制度体系建设，完善政府采购的运行机制和监管体系。

三、西方发达国家政府采购功能、定位和目标的发展历程和特点

（一）政府采购经历不同发展阶段，其功能、定位和目标也在不断调适

早期的政府采购，其直接目的是满足政府日常管理职能的需要。既没有明确的功能定位，也没有完善的制度规则。政府采购规模较小，主要考虑财政资金的使用效率，以及所采购商品的价值和质量。20 世纪 50 年代以后，随着政府采购规模逐渐扩大，传统采购方式的弊端日渐暴露，建立严密的政府采购制度体系和运行机制，规范政府采购行为，成为该阶段的主要任务。20 世纪 80 年代以后，随着政府干预经济社会发展的理念逐渐成熟，以及世界经济一体化的趋势加剧，政府采购的政策功能受到重视。西方各国的政府采购都进入改革创新时期，功能、定位渐趋多元化，目标也更加丰富。

（二）政府采购的功能、定位和目标，要适应本国的国情特点

政府采购虽然有共同的规律和特点，但西方各国的政府采购制

度，都各有特点。总体而言，是以各国的历史传统和现实国情为基础，根据本国政府采购的发展阶段，以及经济社会发展的总体目标，确立政府采购的功能、定位和目标。如美国为了保护本国产业，在 1933 年就颁布了《购买美国产品法》，要求美国联邦政府采购美国产品。加入 WTO《政府采购协议》（GPA）以后，为了参与国际市场，对该项条款进行了修订。2008 年全球金融危机爆发后，为了保护本国产业，促进本国经济复苏，美国国会在《2009 年美国复苏和再投资法案》中又加入了购买美国产品的相应条款。

四、以"五个适应"统领新阶段的政府采购发展目标和发展方向

当前，我国的政府采购正进入新的发展阶段。政府采购规模快速扩大，在经济社会中的地位和作用日渐凸显。与此同时，市场化程度不断加深，政府购买服务的规模和力度不断扩大，电子化信息化快速发展，加入 GPA 的步伐加快，修改《政府采购法》的呼声日渐强烈……在这种环境下，恰逢十八届三中全会提出《全面深化改革若干重大问题的决定》（简称《决定》），对今后一个时期的全面深化改革做了总部署、总动员。政府采购作为现代国家治理体系的重要组成部分，要以"五个适应"为统领，建立健全制度体系，适应经济社会发展的新形势、新要求。

（一）政府采购要适应统一开放、竞争有序的市场经济体系

政府采购是以市场经济为基础，在遵循市场规则的基础上，完成采购和交易行为。《决定》对市场经济体系建设提出了新任务、新要求。如"建设统一开放、竞争有序的市场体系，是使市场在资源配置中起决定性作用的基础。建立公平开放透明的市场规则，清理和废除妨碍全国统一市场和公平竞争的各种规定和做法，严禁和惩处各类违法实行优惠政策行为，反对地方保护，反对垄断和不正当竞争……"政府采购的制度体系建设，要适应市场经济的新形势、新要求，坚持公开、公平、公正的市场竞争原则，明确采购过程中的权责关系，完善公平交易的核心市场规则，推动统一开放、竞争有序的政府采购市场体系形成。

（二）政府采购要适应"把权力关进制度笼子"的廉政建设新要求

廉政建设一直是我国政府高度重视，也是社会公众高度关注的问题。当前，我国的廉政建设正处于"治标"到"治本"的转型时期，把权力关进制度笼子，是廉政建设的核心。《决定》明确提出："坚持用制度管权管事管人，让人民监督权力，让权力在阳光下运行，是把权力关进制度笼子的根本之策。"政府采购制度，就是促进廉政的重要制度安排。《政府采购法》的立法宗旨明确提出：规范政府采购行为，促进廉政建设。从实践情况看，政府采购制度在很大程度上规范了政府的采购行为，促进了政府廉政建设。但是政府采购自身的制度体系不健全、配套措施不完善，导致政府采购

在预防腐败方面的功能没有完全发挥，政府采购领域的权力腐败仍
然比较严重，甚至出现新的腐败形式和腐败内容。政府采购的发展
目标和方向，要适应廉政建设的新形势和新要求，完善制度体系建
设，促进政府采购的制度化、规范化，遏制权力寻租，减少采购
腐败。

（三）政府采购要适应服务型政府的建设

改革开放以来，我国初步形成了政府主导、社会参与、公办民
办并举的公共服务供给模式。但是，与人民群众日益增长的公共服
务需求相比，不少领域的公共服务还存在质量效率不高、规模不足
和发展不平衡等突出问题。特别是从政府职能角度看，政府直接提
供的公共服务范围广、内容多，很大程度超出政府的行政能力，导
致公共资源的配置效率不高，管理水平较低，公共服务的供给与需
求有不同程度的脱节。因此，深化政府职能调整，加快政府职能转
变，建立与社会主义市场经济相适应，与经济社会发展需求相匹配
的行政体制和职能体系，是当前及今后一个时期政府职能体系建设
的重要内容。政府购买要适应政府职能深化调整的新形势、新要
求。通过完善政府采购的制度体系，创新公共服务供给模式，有效
动员社会力量，构建多层次、多方式的公共服务供给体系，使政府
集中精力关注有自身提供优势的公共服务，同时，做好公共服务的
标准制定、质量监管等工作，提高公共服务的公平性和公正性，切
实推进服务型政府建设。

（四）　政府采购要适应多元化的经济社会发展目标

政府采购具有丰富的政策功能，在促进产业结构调整、支持自主创新、节能环保等方面，都具有重要作用。但在较长时期内，政策功能受到重视的程度不够，相关的制度体系也很不健全。当前，经济社会进入新的发展阶段，平衡各种经济社会关系的要求越来越突出，而政府采购规模也早已超过 1 万亿元，具备了发挥政策功能的能力，因此政府采购作为经济社会治理的重要手段，其目标不再是传统的节约支出、促进廉政、公平分配订单等，应当更多地直接体现我国经济社会发展的新要求，把保护中小企业、推动节能环保、促进技术创新等作为重要目标。建立健全政府采购的制度体系，特别是与政策功能相配套的各项政策措施，是当前及今后一个时期政府完善采购制度体系建设的重要内容。

（五）　政府采购要适应世界经济一体化的新趋势和新要求

经济全球化和世界经济一体化，已经成为当今时代的重要特征。特别是 20 世纪 90 年代以来，全球经济一体化出现了加速发展的势头，对世界各国的经济生活都产生了非常重要的影响，特别是对传统的资源配置方式、产业的组织形式和竞争的模式及发展中国家的国家发展模式都产生了非常重要和深刻的影响。积极加入全球经济分工体系，是经济发展的内在需求，也是我国经济社会发展的必然趋势。十八届三中全会《决定》提出：适应经济全球化新形势，必须推动对内对外开放相互促进、引进来和走出去更好结合，促进国际国内要素有序自由流动、资源高效配置、市场深度融合，加快培育参与和引领国际经济合作竞争新优势，以开放促改革。

完善市场机制，开放市场竞争，建立与国际市场相接轨的政府采购体系，促进中国经济融入世界经济一体化趋势，是经济发展的必然趋势。但与此同时，国内的产业可能受到其他国家的竞争压力，部分产业可能遭遇严重冲击。在促进经济一体化同时，保护本国经济免受冲击，并争取本国的最大利益，是世界各国的共同目标。很多较早实行政府采购的国家，在制定 GPA 规则或参与 GPA 体系时，也都普遍积极地在全球化的政府采购体系中谋求对本国产业、中小企业以及节能环保等产业的支持。在这种情况下，探索建立适应世界经济发展趋势的政府采购市场体系，成为世界各国共同关注的主题。2007 年 12 月，中国加入 WTO《政府采购协定》（GPA）的谈判正式启动，迄今已经向 WTO 提交了五份出价清单。全会《决定》也专门提出："加快政府采购谈判"。但是，加入 GPA 不是简单的市场开放，更重要的是对自身政府采购制度的调整和改革，包括在技术和标准方面进行对接，更加规范发展。特别是在 GPA 谈判进程加速的环境下，如何改革完善我国的政府采购制度体系，一方面适应采购国际化趋势、共享全球发展机遇；另一方面更好保护本国的市场及企业，实现本国人民利益的最大化，已经成为当前及今后一个时期政府采购制度体系建设的重要任务。

五、新阶段政府采购的发展理念、目标和思路

我国的政府采购制度还处于初级阶段，政府采购的发展理念和

目标、思路，要与政府采购的发展阶段，以及我国的国情特点相符合，并适应经济社会发展的新形势和新要求。

（一）政府采购的发展理念

政府采购的发展理念，是以"五个适应"为统领，明确政府采购的"四个并重"。

政府采购的制度目标：注重"节支防腐"和实现"绩效最优"并重。在当前及今后一个时期，"节支反腐"仍然是政府采购制度建设的重要内容，但"绩效最优"的重要性也日渐凸显，两者应当并重。

政府采购的市场规范：注重"公平竞争"和完善"市场规则"并重。公平竞争是市场规则的重要体现，但政府采购的市场体系建设，还有更丰富的内容，两者应当并重，如建立良性、有效的竞争机制等。

政府采购的操作执行：注重"程序合规"和"专业化采购"并重。程序合规是政府采购的基本要求，但是建立专业化的采购机制，提升采购效率，也越来越重要，两者应当并重。

政府采购的监管方式：注重"过程控制"和"结果评价"并重。当前对政府采购的监管形式，主要侧重"过程控制"，效果并不理想。未来应该更加侧重政府采购的"结果评价"，建立"过程控制"和"结果评价"相结合的监管方式。

（二）政府采购的基本原则

政府采购除了应牢牢践行《政府采购法》中提出的公开透明、

公平竞争、公正、诚实信用四个原则以外，还应增加"绩效最优"、"兼顾效率"的原则。

绩效最优（Value for Money）原则。随着政府采购从单纯注重"节支反腐"，走向"节支防腐"和"绩效最优"并重。政府采购应当提升采购标的的全生命周期价值，并更多发挥其政策功能。

兼顾效率原则。通过提升专业化水平，运用电子化采购等手段，在强调采购过程的公平性、竞争性、透明度等原则基础上，整合采购程序，提高采购效率，强化事后监管，实现规范和效率的平衡。

（三）政府采购的目标定位和总体思路

政府采购的制度设计，应结合十八届三中全会全面深化改革的思路，采取"顶层设计和摸着石头过河相结合，整体推进和重点突破相促进"的思路。对于认识清楚、共识度高、把握较大的制度建设，要着重制度的顶层设计，强调制度体系的系统性和协同性。对于认识不清楚，缺乏共识，没有把握的制度建设，要坚持试点探索的思路，着重针对眼前存在的问题，摸着石头过河。

基于对政府采购功能、定位和目标的分析，在明确政府采购的指导理念、基本原则的基础上，结合当前及今后一个时期政府采购的发展目标和发展方向，新阶段比较明确的目标定位和发展思路，主要有以下几个方面。

1. 进一步明确政府采购要以社会主义市场经济制度为基础，遵循市场经济规则，体现市场经济的精神

我国的政府采购市场体系已经初步建立，但制度体系还不完

善，地方保护、不合理竞争等现象还比较普遍。政府采购的基础任务，是完善市场体系建设，清理和废除妨碍全国统一市场和公平竞争的各种规定和做法，严禁和惩处政府采购市场里面各类违法实行优惠政策行为，反对地方保护，反对垄断和不正当竞争。

2. 坚持节支反腐的制度建设，通过优化调整，进一步巩固政府采购的制度化、规范化、合理化

政府采购制度从建立初期，就把节支反腐作为关键任务，并取得比较显著的成效。但总体而言，政府采购的发展时间较短，制度还不成熟，加上转型期的社会环境影响，以及配套制度的不完善，采购腐败依然比较严重。因此，节支反腐在相当长时期内，依然是政府采购的关键任务。但是，当前的政府采购制度体系，要进行优化调整，改革部分不合理的制度设计，如专家评审制度等，建立更加科学有效的节支反腐制度体系。

3. 加强政府采购的政策功能，实现多元化的经济社会发展目标

当前，我国的政府采购已经进入新的发展阶段，越来越多的财政支出资金纳入政府采购的制度范畴，政府采购规模占国家财政支出比重不断提高，对经济社会的影响越来越大。重视并发挥政府采购的政策功能，实现政府采购在保护本国产业，促进产业结构优化，扶持中小企业和自主创新，促进资源节约和环境保护等方面的作用，是未来政府采购的重要任务，也是促进经济社会和谐发展，提升国家治理能力的必然要求。

执笔：王雄军

专题三
调整和完善政府采购管理体制研究

政府采购管理体制是规范和处理政府采购的管理机构、执行机构、采购人、监管机构以及供应商等各个参与主体之间关系的制度体系，是政府采购的基础性制度架构。我国政府采购发展时间短，管理体制还处于探索调整时期。改革和完善政府采购管理体制，对完善政府采购的制度体系，促进政府采购规范健康发展，具有重要意义。

一、政府采购的管理体制初步建立，制度建设渐成体系

我国的政府采购发展时间短，但在管理体制方面，初步建立了"管采分离、职能分设、政事分开、相互制衡、规范运作"的制度体系。具体而言，当前的政府采购管理体制，主要包括三个部分。

（一）采购人

采购人是依法进行采购的国家机关、事业单位、团体组织等。

采购人是采购项目的最终使用者，根据自身履行职责和职能的需要，可以提出合理的采购需求，包括参与需求标准的制定，供应商资格的审查，采购合同的履约验收，等等。

（二）政府采购的执行机构

政府采购的执行机构，包括集中采购机构（各级政府采购中心），政府采购的中介代理机构及其他执行采购的采购部门。[①]

集中采购机构是由国家设立的采购代理机构。我国的集中采购机构由设区的市、自治州以上人民政府根据需要设立，机构名称一般为"政府采购中心"。

社会中介代理采购机构是由国家相关部门审批的专门从事采购代理活动的组织。2005 年，财政部对符合条件的社会中介代理采购机构进行政府采购代理资格认定。社会中介代理采购机构是政府采购的补充力量。

部门集中采购中具体执行采购任务的是设在单位内部的采购部门，它是采购人领导的一个部门，性质上同时兼具采购人和采购机构的特点。

（三）政府采购的决策与监管机构

各级人民政府的财政部门既是政府采购的决策机构，也是政府采购的监督管理机构，其职责主要包括：政策制定、预算编制、资金支付、信息管理、采购方式管理、合同管理、聘用专家管理、供

---

① 邹昊主编：《政府采购体系建设研究》，清华大学出版社 2011 年版，第 301 ~ 302 页。

应商投诉处理、集中采购机构业绩考核和政府采购管理人员培训、监督检查等管理工作，等等。

根据《政府采购法》的规定："政府采购监督管理部门不得设置集中采购机构，不得参与政府采购项目的采购活动；采购代理机构与行政机关不存在隶属关系或者其他利益关系。"基于这条规定，政府采购监督管理部门和集中采购机构分开设置，形成两个相互制约的机构，从而在法律上解决了政府采购管理机构和集中采购机构的体制问题。

政府采购管理体制的结构关系，可以用图 3.1 表示。

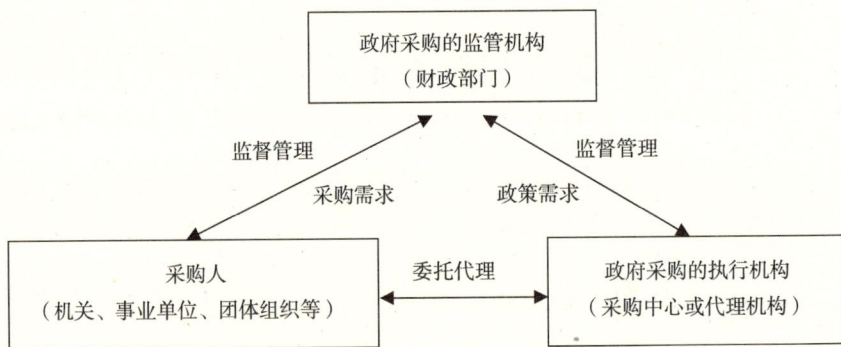

图 3.1　政府采购的参与主体和相互关系

二、政府采购管理体制存在的主要问题

当前我国的政府采购出现许多问题，原因比较复杂。但是最重要，也是最根本的原因，是我国的政府采购发展时间短，制度体系不完善，特别是在管理体制方面，制度体系不够健全，权责体系比较混乱，影响了政府采购的规范健康发展。具体而言，政府采购管理体制问题，主要包括以下几个方面。

（一）采购人存在的问题

政府采购法对采购人的权利义务有简要规定，但总体而言，采购人的法律地位不明确，权利义务不清晰。在当前的政府采购管理体制中，既有采购人权力过大问题，也有采购人参与不足问题。

一方面，采购人在政府采购中具有重要地位和巨大权力，能够在很大程度上决定政府采购的方案、技术要求、评分标准等关键环节，即采购人对政府采购的重要环节和采购结果，都具有重要的影响力，甚至有直接的决定权。采购人的自由裁量权过大，不仅影响政府采购的公平公正，而且很容易出现权力寻租等问题。

另一方面，政府采购的管理体制中也存在采购人参与不足问题。采购人参与不足，既包括采购人从主观上抵制政府采购制度，不愿意配合政府采购的整个流程；也包括由于政府采购的制度约束不合理，导致采购人难以参与政府采购过程，政府采购的效果不理想，甚至出现不愿履行采购合同，或客观上难以履行合同等问题。如采购人在技术标准确定、中标供应商评选等环节，可能被政府采购制度排斥在外，采购人的权利得不到尊重，采购目的难以实现。

（二）监管机构存在的问题

各级政府的财政部门是政府采购的监督管理部门，负责本级政府采购活动的监督管理。监管机构的职责，包括政府采购的预算管理、政府采购的制度建设、政府采购方式管理、政府采购的信息管理、合同管理、人员管理，政府采购的监督检查、绩效评价等等。总体而言，当前政府采购监管机构的职责定位不清晰，主要体现在两个方面：一是监督权和管理权没有区分，财政部门既是政府采购的决策管理机构，也是政府采购的监督机构。管理权和监督权通常有不同的侧重点，而且监督权本身包含对管理权的监督和约束。在当前的制度体系下，监管机构同时具有管理权和监督权，其管理权力不受约束，政府采购的制度是否合理，政策是否有效，缺乏外部的评估监督机制。二是监管职责不集中，权力过大，范围过广，难以实现真正的有效监管。当前的监管机构，职责权力过大，不仅负责政府采购的各项重要决策和制度建设，而且可以对政府采购活动的各个环节进行监督管理，既负责宏观的管理，也负责微观的监督，管理权限过广，监管重心不明确，难以实现有效管理。

监管机构存在的第二个问题，是机构层级较低、履职能力较弱。现在对政府采购的监管职能，主要集中在财政部门。在中央层级，财政部国库司下设的政府采购管理办公室是最主要的监管部门。政府采购管理办公室负责政府采购的政策制定和制度建设、采购计划审批、采购资金使用情况审核、政府采购机构的绩效考核、政府采购代理机构的资格认定、政府采购案件的投诉处理，以及政府采购的国际交流与合作，等等。从政府采购的功能定位看，政府采购的监管机构担负重要的职责，不仅对政府采购自身的规范和发展承担直接责任，而且通过发挥政府采购的政策功能，可以影响国家的宏观调控，产业政策，甚至对政府的治理能力提升，以及市场经济体制的完善，也有重要的影响。从政府采购的功能定位看，监管机构的层级较低，权威性和专业性不足，履职能力较弱，与其所承担的职责不相匹配。

（三）执行机构存在的问题

政府采购执行机构存在的问题，主要包括三个方面。

一是对政府采购执行机构的定位缺乏统一认识，机构性质和管理模式差异较大。当前我国虽然初步确立了集中采购为主的制度体系，但现实当中还存在一些分歧，如当前的政府采购执行机构包括集中采购机构、部门集中采购机构、社会代理机构。对于各类采购机构的功能、定位、性质等，还缺乏统一的认识，特别是对集中采购机构的地位、性质、作用等，还存在较大分歧。如部分省市还没有设立集中采购机构，而是通过社会代理机构完成政府采购的业务。设立集中采购的地区，机构性质和预算体制也有很大差异。从各地的调研情况看，绝大多数的集中采购机构是全额拨款的事业单位（63.3%）或参公管理的事业单位（26.7%），也有少部分集中采购机构是行政机关（6.7%）或差额拨款的事业单位（3.3%）。

二是政府采购的管理机构设置及其隶属关系混乱，各地情况差别很大。根据《政府采购法》规定："政府采购监督管理部门不得设置集中采购机构，不得参与政府采购项目的采购活动。采购代理机构与行政机关不得存在隶属关系或者其他利益关系。"根据这条规定，政府采购实行管办分离的制度。但是在具体实践中，各地的管理机构设置和行政隶属关系没有统一规定，运作方式和职能差别也很大。根据我们的调研，37%的集中采购机构属于本级政府直属，25.9%属于财政部门，22.2%属于机关事务管理局。另有部分集中采购机构隶属于政府办公厅或其他机构。

三是政府采购机构自身的制度基础和能力建设比较薄弱，在专业能力、人员队伍等方面都存在较大问题。从采购机构内部的机构设置看，设置模式不统一，专业能力较弱。多数省市按照采购业务的性质和内容设置工作部门，体现出业务分工的特点，但总体的业务能力和经验积累还比较薄弱。如中央国家机关的采购中心内设综合处、采购一处、采购二处、采购三处、信息服务处等。其中采购一处负责信息产品的集中采购；采购二处负责办公用品和办公设备的集中采购；采购三处负责房屋修缮、装修等工程项目及相关配套设施、设备的集中采购工作；等等①。部分省市的采购机构按照业务流程设置工作部门。如沈阳市政府采购中心，根据"四段式链条管理模式"，设立综合信息处、采购处、招标处、合同监管处四个业务部门，每个部门分别负责采购业务的特定环节。这种模式更侧重采购流程的标准化和规范化，有利于减少或杜绝政府采购的腐败现象，但对专业能力的提升和采购经验的积累有不利影响。再如采购机构的人员队伍方面，因为各地的政府采购中心组建时间都不长，采购人员主要来自于财政系统，或者来自于其他政府部门或事业单位。相比较政府采购的功能定位和目标需求，当前的采购人员队伍数量少、专业能力较弱，素质总体不高。部分省市的采购中心还有不少非正式编制人员，人员流动性较大，既不利于采购队伍的建设和发展，也影响政府采购工作的质量和效果。

---

① 中央国家机关政府采购中心简介，http：//www.zycg.gov.cn/home/aboutus？target＝_blank.

（四）政府采购的权责体系混乱，责任主体缺位

政府采购制度体系存在的核心问题，是权责体系混乱。管理机构、执行机构、采购人在政府采购管理体制中的职责界定，以及相互关系没有理顺。具体而言，包括两个方面。

1. 权责关系不平衡

监管机构对政府采购活动具有全面的管理权和监督权，其承担的权力过大，范围过广，但是承担的责任较少，权责体系不平衡。

政府采购的执行机构负责政府采购的具体实施，承担的责任较重，但其享有的权利受到较大限制，与其承担的职责不相匹配，导致政府采购中心的自主性较弱，不能充分发挥作用。如政府采购的政策制定和制度建设主要由监管部门负责，缺乏政府采购中心的参与，采购中心的政策需求得不到体现和尊重，不仅导致政策的合理性和可操作性可能受到影响，也会使政府采购中心的政策执行力降低，工作积极性下降。社会代理机构同样承担政府采购的具体执行，但与集中采购机构相比较，受到的约束较少，监管机构也很难对其进行直接的监管。

采购人在政府采购体系中的权责体系不对等，一方面是自主权过大，缺乏有效的机制约束；另一方面，现有的关于政府采购的制度建设和政策设计，缺乏采购人的参与，不能体现采购人应有的权利。采购人在政府采购的制度体系中，既享受法定的各项权利，也要遵循政府采购制度的各种约束和限制。但是，当前的政府采购制度体系设计不能体现和吸收采购人的政策需求，尊重和反映采购人

的权利，从而得不到采购人的认可和支持，造成采购人对政府采购制度存在广泛的消极对待思想，甚至产生抵触倾向。

2. 权责体系建设存在较大缺陷。

政府采购的权责体系，侧重程序上的制度化和规范化，缺乏对最终结果的绩效评价，不仅导致政府采购的程序化、形式化，而且降低了行政效率。

政府采购的制度化和规范化是政府采购发展的必然趋势，但是关于政府采购的权责体系建设，不仅要重视程序上的权责关系，也要重视最终结果的绩效评价。当前的政府采购权责体系设计，侧重对程序上、形式上的权责体系界定，政府采购的执行机构为了符合政策要求，也只注重程序上的合规性，但是对采购结果是否理想，权责上没有界定。政府采购的程序化、形式化，成为部分机构推卸责任的途径。如部分采购项目，在程序上、形式上都完全符合要求，但是在采购价格、产品质量等方面，可能都有问题。在这种情况下，采购人对政府采购不满意，不愿意履行合同；但是对采购机构，因为在程序上和形式上都已经符合要求，也不能进行追责。

三、政府采购管理体制建设的国际经验借鉴

世界各国政府采购的管理体制有很大差别。总体而言，各国的管理体制都与本国的历史国情和经济社会的发展目标有关，并根据不同的发展阶段和历史任务，对管理体制进行改革和调整。但是，

政府采购的管理体制建设，也有一些共通的规律。

（一）管理体制适应不同的发展阶段和国情特点

（1）初期的政府采购，其直接目的是满足政府日常管理职能的需要。既没有明确的战略定位，也没有完善的制度规则。政府采购规模较小，主要考虑财政资金的使用效率，以及所采购商品的价值和质量。初期阶段的政府采购管理体制，相对也比较简单。如美国在 1948 年以前，主要采用的都是分散采购的模式，管理体制上没有完整的制度体系[①]。

（2）中期的政府采购，以制度规则的建立和完善为重点，管理体制比较完善。随着政府采购规模逐渐扩大，以及政府采购的自由裁量权缺乏有效约束，政府采购领域的腐败越来越严重，并威胁公平竞争的市场秩序。建立严密的政府采购制度体系和运行机制，成为发达国家的普遍做法。与此相适应，在采购方式上，集中采购占据了主导性的地位。如美国在 1949 年颁布《联邦财产与行政服务法案》，统一了政府采购的政策和方法，建立了政府集中采购的管理体制[②]。英国在加入欧洲共同体以后，也逐渐形成一套较为完善的政府采购体系和运作规则[③]。

（3）最近的政府采购，以制度体系的改革和创新，以及政策功能的完善为主要特征，管理体制采取更加灵活的设计，更加侧重制度的有效性。传统的政府采购体系虽然制度完善，但是采购程序繁

---

①② 邹昊主编：《政府采购体系建设研究》，清华大学出版社 2011 年版，第 54 页。

③　刘保英："完善我国政府采购制度的研究"，硕士学位论文，厦门大学，2006 年。

琐，采购效率低下，迫切需要改革，而市场经济体制的完善，以及信息网络技术的发展，也为政府采购体系的改革创新提供了契机。在这种情况下，政府采购的管理体制也更加的灵活化，如美国在1994 年颁布《联邦采购合理化法案》，1996 年颁布《克林格尔－科亨法案》，改革的内容主要有：采购模式由集中采购向集中与分散相结合方向发展；努力学习扩大运用商业化采购的成功经验、方法、技术和策略；发展电子商务方式①。

（二） 政府采购的管理机构层级较高、能力较强

西方发达国家对政府采购高度重视。特别是随着经济社会的发展，政府采购对国家的宏观调控，以及政府的政策制定，产生越来越大的影响，也越来越凸显政府采购的地位和作用。

美国的政府采购管理机构主要是联邦政府采购政策管理办公室（the Office of Federal Procurement Policy，OFPP），该机构成立于1974 年，为总统行政和预算办公室（the Office of Management and Budget，OMB）下设的职能机构，在美国政府采购政策制定中发挥核心作用。机构现有 25 名工作人员，办公室主任由总统任命经参议院批准。该机构为联邦政府采购的政策主管机构，主要职责是制定政策，引导各政府部门建立政府采购机制，但是不负责有关法律法规的具体执行和监督工作。联邦服务总署负责联邦政府部门部分通用商品及有关服务的集中采购工作，并可以依据《条例》制定部门采购规则，但在颁布前要获得联邦采购政策办公室的核准。联邦

---

① 明楚清、保辛、程文生，"美国政府采购管理"，《中国投资》2001 年 6 月。

服务总署既是政府采购政策的重要参与者，也是采购政策的具体执行者。服务总署共有14000多名工作人员，采购是其职能之一，大约有2400人与此项工作有关。

英国的政府采购管理机构主要是政府商务办公室，原来设在财政部，现在直属中央政府的内阁办公室。1999年，英国政府在财政部下设立了政府商务办公室（Office of Government Commerce，简称OGC），由其负责政府采购的国际谈判，制定国内政府采购政策与标准，对政府采购进行指导与监督，以及协助政府采购的各个部门提高采购业务能力。2010年，政府商务办公室机构建制转到了直属于中央政府的内阁办公室（The Cabinet Office），并成为其"效率与改革组"（Efficiency and Reform Group，简称ERG）的一个组成部分。机构层级提升，权威性增强。

德国政府采购的主管机构，主要是联邦经济与技术部。该部负责政府采购法律法规和政策的制定，其相关职责是：会同由各级政府部门和社会团体组成的政府采购委员会研究拟定国家政府采购法律法规，与联邦集中采购机构合作制定招投标程序及规范，提出改进政府采购工作的意见和建议；与世贸组织、欧委会和欧盟政府采购咨询委员会等国际机构保持联络。

（三）政府采购的机构设置合理，权责体系清晰

从西方发达国家的政府采购发展历程看，管理体制经过不断的改革完善，机构设置渐趋合理，权责体系比较清晰。我们仅以美国和英国的政府采购机构设置和权责体系为例。

1. 美国政府采购的机构设置和权责体系

美国政府采购的组织机构分为四个部分：决策机构、执行机构、监督管理机构和争议投诉机构。联邦采购政策办公室是政府采购的决策机构，主要职责为制定政策，引导政府采购机制的建立。联邦政府总务管理局是政府采购的执行机构，负责除国防采购外的几乎所有联邦政府采购。联邦政府总务管理局有权制定和颁布联邦政府采购条例、设立标准和规范等，能够代表联邦政府许多民事机关和缺乏采购信息来源的小机构购买货物和服务、处理房地产购买、租用和建设等工作。监督管理机构包括国会下属的联邦会计总署和总统行政办公厅内设的行政管理与预算局。联邦会计总署的职能是对政府采购项目进行监督和审计，有权对行政机关的采购计划进行评估，并根据评估结果提出修改建议。行政管理与预算局则在行政机关采购制度的制定过程中起到总体指导和领导功能，负责发布适用于各行政机关的规章制度，协调采购活动的实施，约束采购执行机构。争议投诉机构包括合同上诉理事会、美国联邦赔偿法院和美国联邦巡回上诉法院。合同上诉理事会是采购机关内部设立的行政性法庭，负责裁定政府和承包商之间的合同纠纷；美国联邦赔偿法院是听证、处理政府合同纠纷和其他事务的专门联邦法院，也具有纠纷处理职能；如果不服合同上诉理事会或者联邦赔偿法院的裁决结果，可以上诉美国联邦巡回上诉法院，寻求最终的裁定。

机构性质	机构名称	机构职能
决策机构	联邦采购政策办公室	制定政策，引导建立政府采购机制
执行机构	联邦政府总务管理局	制定和颁布联邦政府采购条例、设立标准和规范；负责除国防采购外的几乎所有联邦政府采购
监督管理机构	行政管理与预算局	指导、协调、约束
	联邦会计总署	监督、审计、受理投诉
争议投诉机构	合同上诉委员会	处理和裁定合同纠纷
	美国联邦赔偿法院	
	美国联邦巡回上诉法院	受理上诉案件

表 3.1　　　　美国政府采购的机构设置和权责体系

2. 英国政府采购的机构设置和权责体系

英国的政府采购体制，是政府指导、预算控制、分散决策、个人负责、议会监督相结合的制度体系。政府商务办公室是政府采购的协调管理机构，主要职责是负责准入评审、协调政府采购活动，促进高效的政府采购行为、监督采购项目的开展。具体职责包括：制订有关政府采购政策和法规，提供采购信息；通过准入评审对政府采购程序进行监督和控制，促进高效的政府采购行为。政府商务办公室下设采购服务局（Buying Solutions），在全国五个大区按行业或部门设立了 50 多个采购机构，为各部门、各地方采购机构开展采购业务提供具体指导和协调。

管理模式方面，采用分散化的决策与管理机制。中央各部的预算部门和地方政府都拥有自行采购的权力，独立承担本部门、本地区的采购事务。采购活动主要受两方面的约束：一是财政预算的约束；二是采购活动的资金支出必须向议会负责。各部门对财政部授权的支出在一定范围内可以支配使用，但对大型项目和特殊项目上的支出通常需要同财政部经费小组协商。另外，每个采购部门都设有一名会计官员，主要负责公共财政秩序和法规，保证财政支出合理规范。各部门的支出受议会"全国公共账户委员会"（Public Accounts Commission）的监控，该委员会受由"部门审计员兼总审计长"领导的"全国审计办公室"（National Audit Office，简称NAO）协助。部门审计员兼总审计长享有高度的独立权，既有权决定审计程序及方式，也有权进行一些属于其职能范围的检查，有权决定其向议会所做报告的内容，有权对财政资金使用是否经济有效进行检查①。

四、完善政府采购管理体制的理念、思路和建议

政府采购的管理体制是一项复杂的制度设计，既要有正确的理念和比较成熟的理论体系，也要符合本国的国情特点，还要符合政府采购制度自身的发展规律。

（一）政府采购管理体制建设的基本理念

政府采购的管理体制建设，不仅要坚持"管采分离、机构分设、政事分开、相互制约、规范管理、强化监督"的原则，还要体现四个基本理念。

一是功能定位明确。政府采购的管理体制，要与政府采购的功

---

① 刘军民："英国政府采购制度简析与启"，《财政研究》2013 年第 3 期，第 69～70 页。

能定位相匹配。政府采购的制度体系建设，最终是服务于政府采购的功能定位，服务于政府采购目标的实现。从西方发达国家的政府采购发展历程看，其功能定位经历了不同的发展阶段，相应的政府采购管理体制也不断进行调整和完善。我国的政府采购处于初级阶段，自身的发展很不成熟，但其承担的功能不断增加，外部环境日益复杂。在这种情况下，政府采购的管理体制建设，更要理清政府采购的功能定位，并以此为基础，改革和完善政府采购的管理体制。

二是机构设置合理。政府采购的机构设置，既包括政府采购的制度体系建设，也包括政府采购内部的工作部门设置，还包括政府采购机构的层级定位、行政隶属关系等等。如政府采购管理体制建设所提出的"管采分离、机构分设、政事分开"等原则，都属于机构设置合理化的理念和思路。

三是权责体系清晰。权责体系是政府采购管理体制建设的核心内容。权责体系建设主要包括两个方面，一是权责界定合理，关系清晰。政府采购的相关机构，根据机构的职能定位，承担相应的权利义务。二是权责关系平衡，拥有什么样的权力，就要承担什么样的责任，既不能有权无责，也不能有责无权。

四是运行机制顺畅。政府采购的几个机构之间，定位明确，关系清晰，形成有机整体，共同推进政府采购的顺利开展。各个机构之间，既有相互制约的关系，但更主要的是相互配合，在制度体系内最大限度实现政府采购的整体效益。

（二）政府采购管理体制改革的总体思路

改革和完善政府采购的管理体制，要采取"顶层设计和摸着石头过河相结合，整体推进和重点突破相促进"的思路。对于认识清楚、共识度高、把握较大的制度建设，要着重制度的顶层设计，强调制度体系的系统性和协同性。对于认识不清楚，缺乏共识，没有把握的制度建设，要坚持试点探索的思路，着重针对眼前存在的问题，摸着石头过河。

从西方发达国家政府采购的发展历程，以及我们国家的政府采购实践经验看，政府采购的管理体制建设，已经有一些基本共识：如政府采购管理体制建设的重点是制度化和规范化，核心是理顺政府采购的权责关系。因此，政府采购的顶层设计，要以制度化和规范化建设为重点，理顺政府采购的权责体系。

与此同时，政府采购的管理体制建设，也存在许多有待深入研究的问题。政府采购应该如何平衡规范和效率之间的关系，既保证政府采购的公正透明，又可以提升政府采购的效率？集中采购和分散采购的性质、特点，以及各自的优势和劣势是什么，两种不同的采购模式如何结合，才能更好发挥政府采购的功能？政府采购与公共资源交易平台是什么关系，在制度设计上能否进行整合？……对于这些问题，我们的认识还不够深入，经验积累也不够充分，应该更多地通过经验试点的方法，摸着石头过河，逐步建立和完善相关的制度设计，而不宜对现有的管理体制做大幅的变革。

（三）具体的政策建议

1. 监管机构的职责定位

政府采购的管理体制，要与政府采购的功能、定位和目标相匹配。根据经济社会的发展需要，政府采购的地位和作用不断加强，政府采购的监管机构也应当做出较大调整。

根据我国国情，借鉴西方发达国家经验，可以考虑设立政府采购部际联席会议，把财政部的政府采购管理办公室，作为联席会议的常设办事机构。政府采购部际联席会议的主要职责，是确定政府采购的功能、定位和长远发展战略，建立政府采购的制度框架，以及制定重要的法律、法规和政策文件。政府采购管理委员会负责政府采购制度体系的建立和完善，以及政府采购整体绩效的改善，但是不负责政策法规的具体执行和监督工作。

2. 集中采购机构的职责定位

政府采购执行机构的建设，重点是集中采购机构。当前集中采购机构的设置模式和行政隶属关系比较混乱，存在的问题较多。但是在当前的社会条件下，我们认为集中采购机构建设不宜一刀切，而应以权责体系界定为基础，明确集中采购机构的职责定位，逐步推进采购机构的制度化和规范化发展。

一是明确集中采购机构的职责定位。赋予集中采购机构更多的政策参与职能，在制定政府采购的政策法规的时候，集中采购机构作为重要的政策参与方，可以参与政策制定。政府采购的政策执行，以及具体的实施条例，更多依靠集中采购机构制定，但相关的实施条例需要得到政府采购管理机构的认可和授权。集中采购机构对下属的采购机构及社会代理机构,具有制度示范和政策引导的职责,同时对其有监管职能。集中采购机构对政府采购活动的具体实施,以及政府采购活动的规范性、采购效率、采购质量等,负有直接责任。

二是完善集中采购机构的制度建设。在明确集中采购机构性质基础上,确定政府采购的性质和预算体制。在当前环境下,集中采购机构的性质以公益性事业单位比较合理,但是具体实行公益一类或公益二类,可以允许各地根据实际情况进行探索试点,通过经验积累,逐渐确立比较合理的预算体制。

三是完善内部机构设置,提高经办能力。建议以业务内容为基础,合理设置集中采购机构的内部工作部门。各个业务机构的设置要体现出业务特点,并有利于经验积累和专业能力提升。集中采购机构的内部机构设置,最终目标是提高政府采购的质量和效率。

四是加强人才队伍培养。集中采购机构的人员队伍的数量、素质,要与集中采购机构承担的职责功能相匹配。随着政府采购规模的不断扩大,对专业能力的要求不断提高,集中采购机构要尽快建立合理的选人用人机制,建立一批综合素质较高、专业能力较强的采购人员队伍,并为其提供合理的工作机制。

3. 采购人的职责定位

采购人是政府采购管理体制的重要参与主体。一方面,政府采购是公共财政支出管理的规范化,是对采购人权利的约束和限制。另一方面,政府采购也要充分尊重采购人的意愿,在制度范围内最大限度满足采购人的需求，促进采购人更好完成岗位职责。

政府采购管理体制要更多吸纳采购人的需求和建议，采购人是采购需求的制定主体之一，可以提出采购需求，参与需求标准的制定，以及供应商的资格认定等。同时，采购人对采购质量、采购绩效等，也具有考核监督的权力。在政策规定范围内，可以要求采购机构更大限度满足采购人的意愿。

4. 完善政府采购的制度设计，理顺权责体系

政府采购管理体制建设的核心是理顺权责关系。管理机构、执行机构、采购人之间要有明确的职工分工和职责界定，权责平衡，关系清晰。

根据我们对全国的问卷调研，比较理想的政府采购权责体系安排，是由财政部门作为监管部门，负责制定政府采购的政策法规、预算编审，并对政府采购的政策执行情况进行督导和监管。

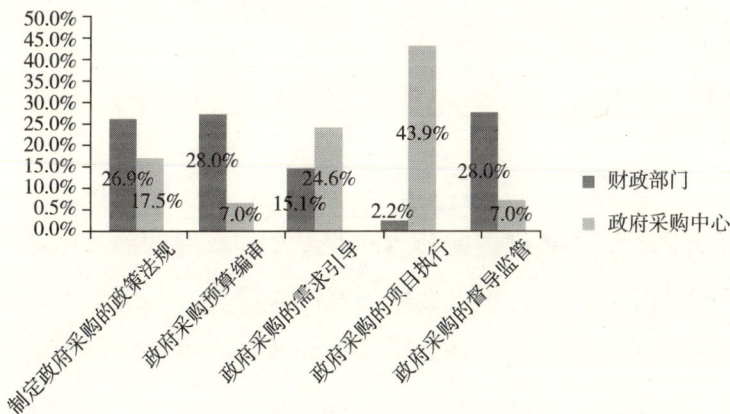

图3.2 政府采购的权责体系安排

基于以上的分析和调研，我们认为比较理想的政府采购机构设置和权责体系安排如下。

表3.2 政府采购的机构设置和权责关系

机构性质	机构名称	部门职责
监管机构	当前模式：财政部门	当前模式：政策制定、预算编制、资金支付、信息管理、采购方式管理、合同管理、聘用专家管理、供应商投诉处理、集中采购机构业绩考核和政府采购管理人员培训、监督检查等管理工作等等
	改革模式：政府采购部际联席会议，下设政府采购管理办公室（中央层面）	改革模式：确定政府采购的功能、定位和长远发展战略，建立政府采购的制度框架，以及制定重要的法律、法规和政策文件、政策督导
执行机构	当前模式：以政府采购中心为主，允许其他模式试点探索	当前模式：以政策执行为主，参与部分政策制定、人员培训等
	改革模式：以政府采购中心为主，允许并规范其他模式的试点探索	改革模式：参与政策制定，政策执行，制度示范，需求引导，人员队伍培养等
采购机构	采购人	当前模式：提出采购需求，参与需求标准的确定，供应商资格的审查，采购合同的履约验收等
		改革模式：参与政策制定，遵守政府采购的政策规定等，参与采购绩效评估等
配套机制	全国人大、审计署等	监督、审计等

5. 推进配套体制改革

政府采购管理体制建设是一项复杂工程，在改革和完善自身的体制设计同时，还要推进配套体制改革。如政府的预算体制，要与政府采购制度相匹配，推进政府预算的规范化和科学化，建立跨年度的预算平衡机制，做到预算、计划和执行有效衔接。探索政府采购的综合监管体制，建立财政、审计、采购人、供应商、社会公众等相互监督的机制。

执笔：王雄军

专题四
完善我国政府采购的监督考核机制

政府采购的监督考核是指为了财政资金使用的高效率、高效益和使用过程的公正、透明，对政府采购活动组织实施全过程进行分析、评价和提出改进意见的专项评估，以及对于其出现问题进行责任追究的行为，是政府采购制度有效实施的根本保证。我国政府采购制度设立之初的目的就在于规范政府采购行为，提高政府采购资金的使用效益，维护国家利益和社会公共利益，保护政府采购当事人的合法权益，促进廉政建设。

政府采购的监督与考核机制是解决政府采购质次价高、腐败浪费的老问题和实现"绩效最优"新目标的保障，也是解决当前政府采购工作中"效率"问题的重要抓手，与政府采购的定位、目标、实施紧密相关，涉及的相关部门、领域、组织、机制十分复杂。例如，政府采购的政策功能定位直接影响到政府采购考核内容的确定，对于节能环保、自主创新产业的扶持体现在考核上便是相关的经济社会效益指标；政府采购的采购计划评估和采购需求审核可从源头上遏制违规需求，是监督中最重要的一环，将涉及我国预算财政制度的具体安排；而政府采购监督考核的执行必须建立在监督考核机构与采购执行机构的明确定位和有效分工的基础之上，这又与政府采购体制相关。因此，对于政府采购监督考核的研究将涉及政府采购的制度体系、行政体制、运行机制等多领域研究。

一、我国政府采购监督考核机制的执行现状

1. 初步形成了较为系统的监管法规和考核办法

我国政府采购运行之初的目的就在于加强对政府采购行为的监管。2002 年《政府采购法》的颁布，标志着我国政府采购工作进入了法制化、规范化的轨道。在此之后，相关的文件、办法等规章制度不断完善，如《国务院办公厅关于进一步加强政府采购管理工作的意见》（国办发〔2009〕35 号）指出，要加快建立对采购单位、评审专家、供应商、集中采购机构和社会代理机构的考核评价制度和不良行为公告制度。财政部、监察部等先后发布了《政府采购评审专家管理办法》、《集中采购机构监督考核管理办法》、《政府采购货物和服务招标投标管理办法》、《政府采购信息公告管理办法》、《政府采购供应商投诉处理办法》等配套规章和规范性制度30 多个，各地也结合自身实际出台了相应的条例、办法等。同时，各级地方政府大多也按照《政府采购法》成立了相应的政府采购管理机构。可以说，从中央到地方，在政府采购的监督考核上已经初步形成了系统化的法规体系。

2. 初步形成了以财政部门为核心、基于"管采分离"原则的监督考核机制

《政府采购法》规定："各级人民政府财政部门是负责政府采购监督管理的部门，依法履行对政府采购活动的监督管理职责。各级人民政府其他有关部门依法履行与政府采购活动有关的监督管理职责"（第十三条），在政府采购法的第七章监督检查中还明确了"政府采购监督管理部门应当加强对政府采购活动及集中采购机构的监督检查"（第五十九条），"政府采购监督管理部门不得设置集中采购机构，不得参与政府采购项目的采购活动。采购代理机构与行政机关不得存在隶属关系或者其他利益关系"（第六十条）。

在此基础上，我国已经初步建立了"管采分离"的政府采购体系。财政部门负责考核监管，集中采购机构等采购部门负责执行采购计划，计划执行情况要受财政部门的审查和监督。其他相关部门对采购活动进行辅助监督，如人大、审计和纪检、监察、司法等根据各自的职能对采购部门进行依法管理。

在这一体系中，财政部门是核心，其主要职责可概括为监督考核的规则制定和任务执行两个方面。首先，财政部门负责我国政府采购监督考核相关规定和监督考核内容的制定。2003 年，财政部和监察部联合发布了《集中采购机构监督考核管理办法》，详细规定了考核对象、考核时间、考核方式、考核项目及评分标准、考核需准备的资料等。其次，财政部门负责对政府采购日常监督考核的执行。财政部门不仅负责对集中采购机构的监督考核，还要（或者通过委托政府集中采购中心）负责对政府采购代理机构、采购供应商

的监督考核工作。在监督考核的过程中，财政部门负责检查并量化打分，必要时可向监察、审计等监管部门、相关采购人、供应商和评审专家等核实情况。

3. 基本建立了以面向集中采购机构采购执行的规范性、经济性为主的监督考核指标体系

《政府采购法》和《集中采购机构监督考核管理办法》均指出，财政部门负责对集中采购机构的监督考核工作，考核内容包括法律法规的执行情况、采购任务的完成情况、采购价格和资金节约率情况、集中采购机构服务质量情况等八个方面，采取定性与定量相结合、自我检查与财政检查相结合、定期与随机检查相结合、专项检查与全面检查相结合的考核方式。这一法律法规体系明确了我国目前针对政府采购执行主体的考核指标主要包括规范性和经济性两个方面。

规范性考核，主要是考核政府采购执行主体在采购过程中所实施的行为是否合法合规。例如，在针对集中采购机构的考核内容中，集中采购机构执行政府采购的法律、行政法规和规章情况，是否按规定的采购范围、采购方式和采购程序执行，是首要的两项考核指标。在针对评审专家的考核中，相关的合法性考核内容包括：在参加政府采购活动中是否严格遵守客观公正等职业道德规范，认真履行自己的职责；是否能够主动回避与自己有利害关系的评审项目；本人有无违反相关法律、行政法规和规章制度的情况等。

经济性考核，主要是针对采购价格和财政资金节约率的考核。比如，实际采购价格是否低于采购预算和市场同期平均价格，推行

政府采购后耗费的资金金额低于预算的比率等。其中，政府采购节约率是政府采购考核最基本的指标之一，它被用来衡量政府采购的节支情况，其考核方式多样，一是某个具体采购项目的节约率，用于考察某项采购的节支情况；二是某类采购对象的节约率，用于考察货物、服务、工程等不同采购种类或不同采购方式的节支情况；三是当年全部政府采购的节约率，用于考察政府采购的年度节支效果以及政府采购对财政管理和经济总量的影响。

4. 近年来逐步加强了多主体参与，全过程监管的整体监督

近年来，随着我国政府采购规模不断扩大、领域不断拓展和透明度不断提高，对政府采购的监督考核也逐渐从事后监督向全过程监督考核转变，主要表现为：

一是制定集中采购目录，明确各级配置标准，提高集中采购比例。《政府采购法》规定："属于中央预算的政府采购项目，其集中采购目录由国务院确定并公布；属于地方预算的政府采购项目，其集中采购目录由省、自治区、直辖市人民政府或者其授权的机构确定并公布"（第一章第七条）。各地一般都在《政府采购法》规定的基础上，结合实际情况，制订年度政府集中采购目录，明确采购范围，并按照规定确保集中采购目录之内的物品和服务都必须进行集中采购。2011年我国集中采购占政府采购的比例达到86.4%。近年来出现的协议供货等新形式是在集中采购下对采购灵活性的提升，但均没有偏离标准设定和价格控制这一目标。

二是基本明确了以公开招标为主的采购方式，并实现了对采购操作流程的监督。目前从中央到地方，各地的政府采购从预算制定

到招投标再到合同验收都有规定的操作流程，尤其是重点强调了"公开招标应作为政府采购的主要采购方式"，加强了公开招标过程中的监督考核行为。2012 年我国政府采购领域中公开招标占比达到83.8%。

三是实现了对日常管理工作的监督考核。各地政府采购的主管部门一般都建立了相应的监管机构，对各类招标文件进行审查，对政府采购中发生的投诉、申诉案件进行处理，对各类供应商不良行为进行调查和跟踪，基本形成了对采购监管的常规化管理。

四是公开透明程度不断提高，社会主体参与监督的趋势较为明显。财政部发布的《政府采购信息公告管理办法》规定除涉密信息外，相关政策法规、招投标信息、采购机构的考核结果、供应商的投诉处理决定等信息都要求在指定媒体公开，其中公开招标公告、邀请招标资格预审公告、中标公告、成交结果及其更正事项等都是要求公开的招投标信息。2011 年，政府采购信息公告总计达到500683 例。通过信息公开，一些为人所忽略的不当采购细节得以曝光，个别地方出现的采购 ipad 当 U 盘等行为多是源于新闻媒体、自媒体根据公开信息的深入发掘。

二、当前我国政府采购监督考核机制的问题与原因

我国在短短的十年之内已经初步形成了较为完善的政府采购监督考核机制，但也还存在着价高质次、效率低下等老问题，在新形势下，还不能实现"绩效最优"（Value for Money）的政策功能新

目标，需要通过进一步完善监督考核的体制机制，以解决老问题，实现新目标。

2013 年，课题组对财政部、国税总局、海关总署、北京、深圳、浙江、河南等部门和地区进行了实地调研，并依托财政部，向 11 个省市的采购人、监管部门和政府集中采购机构三方共发放了 207 份有效问卷。调研显示，目前政府采购监督考核体系还存在以下主要问题。

1. 政府采购制度体系建设有待提升，法规体系、体制架构等还需完善

调研中三方认为政府采购目前最重要的问题是没有有效地发挥政策性功能，采购需求不规范，过度采购严重，采购整体效率低下，其中监管部门更重视政策功能的有效发挥（选择比例高达 38.1%）。而造成这些问题的原因首先是法规体系问题，具体表现为法规体系不健全，法律过度强调采购程序，缺乏对政策职能的明确要求，从而在监督考核中不能明确相关的指标；其次是管理体制问题，采购机构的定位和性质不明确，管采机构之间边界不清，是否设立集中采购机构、在哪设立集中采购机构并无明确规定，已设立的集中采购机构具有何种权力也不清晰，同时也包括运行机制不完善、预算编制不科学等其他问题。三方还一致认为下一步政府采购制度改革重点是明确政府采购政策功能导向和相应的制度体系建设。作为政府采购最突出的问题，法律法规和制度体系的不完善已经成为制约政府采购规范、集约、高效发展的主要障碍。

由于全国性的《政府采购条例》迟迟没有出台，各地政府只能

根据《政府采购法》的要求、自身的理解和当地的实际情况，出台各地的政府采购条例或实施办法，导致各地的采购标准不尽相同，且采购机构及其职能界定也各不相同。问题焦点在于，政府集中采购机构作为法律规定的代理机构，应该负有何种权责？部门集中采购机构对内是采购执行机构，对外实际上是采购人，究竟应定位为采购代理机构还是采购人的延伸？

表4.1　　　　　　　　各地典型的政府采购管理架构

	北京	浙江	深圳	河南
是否设政府采购中心	市级设，区级朝阳区不设，其他区县设	省市均设	市、区均设	省级不设，地市大部分都设
政府采购中心管理隶属关系	国资委代管	机关事务局代管	市政府直属	—
集中采购比例（%）	20	70	较高	少于10

资料来源：调研整理。

表4.2　　　　　　　　三类采购代理机构的实际差异

	政府集中采购机构	部门集中采购机构	社会代理机构
是否有权与供应商签订合同	部分是	是	否
是否委托招标	部分是	是	否
服务对象	政府采购单位	本部门	全社会

资料来源：作者调研。

由于上述问题迟迟没有相应的法律体系和制度建设予以规范，因此在政府采购的监管工作中，监督考核缺乏明确的对象和重点，监管的重点对象是谁，该对象负有何种责任，监管这些对象及其责任是否有助于监督、考核并进一步提升政府采购工作的绩效均缺乏法律依据和事实支撑。

2. 监督考核着重于经济性的结果，忽略过程考核，且不能体现政府采购的整体绩效

目前的政府采购监督考核主要侧重于经济性的采购结果，对采购过程的监督考核比较薄弱，且不能全面合理的体现政府采购的整体绩效。问卷调查显示，采购人和监管部门均认为当前政府采购考核存在的最主要问题是过度重视结果（采购人选择比例为38.8%，集中采购机构34.1%），忽略过程考核（采购人选择比例为35%，集中采购机构48.4%）。在实际工作中，这一考核又进一步简化为采购资金的节支率和财政资金的采购程序是否合规合法两个重点，但这两个重点的前提存在问题，已经不能适应当前政府采购监督考核的实际，难以体现政府采购工作的绩效。

一是节支率高并不意味着政府采购的高效。这主要是因为节约额和节约率主要是以政府采购预算为基准和参照物的，而近年来屡屡为社会所诟病的预算环节不精细使得政府采购的节支率无从谈起。此外，节支率考核忽略了政府采购政策功能的发挥，与多数发达国家普遍倡导的"绩效最优"目标相悖。

二是合"规"合"法"已经不能适应当前政府和公众对政府采购的期望和要求。从政府采购的任务而言，政府采购具有调节国民经济、维护政府形象的作用，从操作层面上看应具有保护民族产业、促进技术进步、推进环境保护等政策功能。因此，在对政府采购进行监督考核时，其指标体系的建立也应考虑到政府采购目标所包括的各个方面，但目前的法律规定没有对上述内容进行深入阐述和详细规定。

更重要的是，从实际执行情况来看，一些受到社会舆论广泛关注的不当政府采购行为，往往都是符合程序规范的。这使得流程监管成为政府采购的一大软肋。其中特别突出的是公开招标环节。

在目前备受诟病，实际上成为腐败高发地的公开招标环节，招标程序本身的合规合法远远不能解决实际操作中弊病丛生的围标串标问题。这主要是因为：①围标串标问题实质上是采购人、代理机构、供应商和评标专家之间的两方或多方串通的问题，其监管重点并不在于流程合规，而是在最终结果中各方责任人的行为是否合规。②评标中评审专家权责不对等。专家在目前的政府采购体系中具有极为重要的作用，评审专家可以直接决定供应商是否中标。这本是为了约束采购人的不当需求，或者弥补采购人专业化程度不足的措施，但在实际执行过程中却往往因为专家的权力过大而责任寥寥，采购人的采购需求缺乏实质性约束而又没有参与采购定标的权力，客观上反而为采购人、专家、供应商围标串标提供了便利。③对采购合同及其履约状况缺乏监督考核。政府采购的招投标过程结束后，不仅要监督考核采购产品或服务交接是否按照合同规定的时间、地点、方式进行，还应监督考核所交接的产品或服务是否达到合同所规定的要求。同时，也要防止采购单位擅自更改合同，使供应商利益蒙损。但流程合规也并不能解决采购人需求是否得到满足的问题，往往出现采购人寻找各种理由，不愿意与中标供应商签订合同；或供应商在投标时恶意压低价格，中标后试图另订合同以弥补损失等问题，反而促使采购人规避程序。问卷结果也显示政府采购法中最应该细化的内容是采购需求、合同、履约验收管理方面的细化规定及法律责任（采购人选择比例为 24.3%，监管部门

21.7%，集中采购机构20.2%)。

　　总的来说，政府采购的监督考核机制应当是一个事前、事中、事后的完整程序链条，如果缺少对于事前、事中的监督考核，目前事后为主的监督考核效果也会大打折扣。

　　3. 以财政部门为核心的监督考核执行主体权力过大，实际上弱化了"管采分离"原则

　　在传统的监督考核内容下，财政部门完全可以胜任上述工作，从调研情况来看，73.1%的监管部门和74.2%的集中采购机构也均认为最有效的监督考核主体是上级和同级财政部门。但随着政府采购目标的提升和任务的拓展，财政部门作为几乎唯一的监督考核主体也暴露出一些问题，突出的表现为财政部门的权力过大，事实上弱化了"管采分离"的基本原则。

　　财政部门实际上担负了管理和监督两项职能，既负责制定政府采购预算计划，又对采购部门的采购计划进行审批，同时还负责对采购部门的资金使用情况进行决算审核，在政府采购过程中占据了绝对的主导性，政府采购的执行主体集中采购机构因为业务上的联系，也往往和财政部门关系密切。这就造成了监督主体实际上不能监督考核政府采购的管理，只能监督考核政府采购的执行。

　　而在完善的体制中，管理本身也是需要监督的，监和管应作为两个分开的职能，由不同主体实行。我国政府采购的监管部门是财政部门，主要受到本级政府和人大的监督，在政府采购体系中主要体现在人大对财政预决算的审批。但在实际操作中，因为各种复杂因素的影响，人大监督的主动性不强，监督能力也较弱，难以实现

有效监管。

有些部门和地方已经意识到财政部门权力过大带来的问题，如国家审计署发布的《2011 年审计报告》就明确提出"由于政府采购标准的制定和采购代理机构的资格认定、审批、授予、考核、处罚都由财政部负责，缺乏有效监督制约"。广东省 2010 年发布的《实施〈中华人民共和国政府采购法〉办法》第五十四条、第五十五条已将实施监督检查的主体规定为人民政府和人大，财政部门扮演的只是"协作配合"的角色。但总的来说，整个政府采购的监督考核过程仍过分集中于财政部门，缺乏有效的制约。

4. 以集中采购机构为主要的监督考核对象，实际上未能明确最终责任人，且忽视了采购人、社会代理机构和供应商等责任主体

目前的监督考核机制中，集中采购机构作为政府采购的执行主体，是监督考核的主要对象。而对社会代理机构则主要侧重于资格认定工作，其监督考核频率低，内容宽泛，对于采购人的考核则几乎没有。

首先，作为主要监管对象的集中采购机构地位尴尬。《政府采购法》将集中采购机构定位为一个代理机构，从事集中采购目录范围内的采购代理工作。因此在实际操作中，集中采购机构既不能充分了解采购人的需求，也没有抑制采购人不合理需求的权力，甚至在多数地区没有签订合同的权力。在此条件下，对集中采购机构的监督考核，往往变成了对采购流程的复核，出现问题了也找不到责任人，或者责任人并不能切实负起责任，导致监督考核效果不佳。

其次，采购人作为需求源头的监管缺位。《政府采购法》第六条规定："政府采购应当严格按照批准的预算执行。"现有的采购标准、集采目录和定点采购等措施也是为了限制采购人的采购需求。但由于预算编制不精细，采购标准滞后，采购周期过长，或者标准的弹性过大，采购非货品类的服务缺乏标准等原因，近期仍出现了部分天价采购和非必要采购，这实际上是政府采购广为诟病的根源，但对这一源头缺乏相应的监督考核法规和措施。

三是对于社会代理机构和供应商的考核比较宽松。目前一些违规（灰色）采购实际上都是采购人通过社会代理机构进行的，而社会代理机构为了维系住政府采购人这一大客户，往往通过围标、串标等违规违法手段满足政府采购人的不当需求，催生了政府采购的腐败链。但在现有法规体系中对社会代理机构的考核仅仅是资格认定，其监督检查仅为资格认定工作的监督检查，这与社会代理机构占到采购总量18.6%的重要地位并不相符。目前已经有部分地方政府认识到这一问题，如浙江省从2010年出台了《中介采购代理机构考核办法》，但在全国层面还没有明确的监督考核要求。

5. 监督考核结果往往没有得到有效的反馈和利用

开展政府采购监督考核的最终目的是要运用监督考核结果找出政府采购制度和执行中的问题，从而合理配置采购资源，优化政府采购支出结构，提高政府采购资金使用绩效。由于当前我国政府采购监督考核的内容过于狭窄，导致监督考核的结果应用范围很窄、应用程度也不高。

我国的监督考核结果过于注重采购执行程序的合法合规性，缺乏对合同履约的监督考核，从而使得监督考核的成果缺乏用以指导下一年度工作的数据基础，难以成为财政部门进一步细化财政预算的参考，也难以作为调整各采购人预算的依据，更没有将绩效高与绩效低的采购人获得的财政资源配置做出区分。

同时，监督考核结果往往只针对流程而不是责任人，或者难以找到直接责任人，从而使得监督考核缺乏相应的责任追究机制，难以形成对政府采购过程中各环节执行者的约束力，不能体现监督考核的制约作用和指挥棒作用。

政府采购监督考核结果应用率较低，不但浪费了考核资源，也不利于政府采购监督考核制度的良性发展。政府采购监督考核结果只有在应用过程中，其真实性、客观性才能得到检验。通过对比检验结果，才能反过来进一步规范和约束政府采购的监督考核行为，监督考核结果的权威性和公信力才能不断提升。

三、国外政府采购监督考核的经验

发达国家政府采购监督考核的成功经验对于我国政府采购监督考核的发展和完善有着十分重要的借鉴意义。

1. 英国

监督考核主体。英国政府采购绩效监督考核工作的主体是各部门自己，为避免部门内部操纵，公共服务和公共支出内阁委员会由政府授权来指导监督考核工作，并随时抽查和审核各部门自我考核的结果。该委员会还可就某一具体项目获得议会授权，聘请一些专家、学者或者中介机构、专业人员完成具体考核。同时政府采购还接受"部门审计员和总审计长"领导下的"全国审计办公室"的监督。部门审计员和总审计长享有高度的独立工作权，可以独自决定审计程序及方针，也可履行其他属于其职能范围的检查，决定其向议会所作报告的内容，从而使其对财政资金的使用情况拥有充分的监督权。

监督考核内容。对政府支出项目的监督考核包括对支出项目的立项决策、技术方案、经济性和有效性以及支出项目的社会影响：①对支出项目立项决策的监督考核。评价立项时是否采取了科学的方法，是否具有准确的信息资料和可靠的立项依据，是否具有经济上的合理性和技术上的先进性。②对支出项目技术方案的监督考核。主要是对投资项目设计方案、项目实施方案、实施进度、成本质量等进行评价。③对支出项目的经济性和有效性进行监督考核。包括对项目投产后所带来的财务效益状况进行考核和该项目的国民经济效益考核两个部分。④对支出项目的社会影响效果进行监督考核。重点是考核一个项目对某一地区的社会、经济、环境等宏观方面所产生的有形效益或无形效益的结果。

监督考核机制。英国政府的每个部门都有一名议会官员，根据财政部颁布的《政府采购指南》和《采购实施指南》，对公共财政的恰当管理和使用负责，并保证财政支出的各方面都周全合理，做到绩效最优。

监督考核结果应用。英国对于财政支出绩效考核结果的应用是比较充分的。表现在：①政府如果要调整长期经济目标和计划，要以往年的绩效考核结果作为依据，各政府部门如果要调整经济计划，也都要参照本部门的财政支出绩效考核报告；②财政部制定各部门新一年的年度预算，要以绩效考核结果作为依据；③国会和内阁如果要对各政府部门落实行政责任制，绩效考核的结果是一个重要的依据。④英国在运用绩效考核结果的同时，将激励机制也融入其中，规定各部门只要能实现绩效目标，可按各部门自己的计划在三年计划期内自由的调度和安排预算资金，三年计划期结束后剩余资金可以转入下一期继续使用，这一规定对各个部门在按时按质完成任务的同时节省资金起到很大的促进作用。

2. 美国

美国于 20 世纪初开始进行公共支出绩效考核，至今已经确立了较为完整的公共支出绩效考核体系，形成了以《政府绩效与结果法案》为核心制度，以国会会计总署和总统管理与预算委员会为考核主体，以政府各部门和项目支出为考核对象，以量化的数据和可靠的证据为考核标准，联邦、州和地方政府共同实施的政府采购绩效考核体系。

监督考核主体。第一主体是国会，其监督考核集中体现在对政府预算的审查上。在国会中，这项任务由所辖的会计总署（GAO）以及各个委员会来承担。第二主体是总统管理与预算办公室。协助总统对预算的编制进行指导和监督，并通过对公共支出的计划及工作的有效性进行考核，确定支出重点，保证预算支出的可行性。同时，美国的新闻媒体和社会公众也是政府采购的重要监督者。

监督考核程序。美国的公共支出绩效考核共分为七大步骤：

①区分要考核的项目。将不同类型的政府公共支出分组，选择那些最有考核需求的基础项目进行考核。②说明考核目的，设定所期望达到的结果。③针对不同的项目选择所需的指标。美国的公共支出绩效考核指标主要有投入指标、能量指标、产出指标、结果指标、效率和成本效益指标。④设定项目需要完成目标的程度。需要将项目考核后所得实际结果与之前确定的期望结果进行比较。⑤监督结果。对项目进程按周期作系统性的监督，并随时采取措施修正偏离目标的项目。⑥撰写考核报告。考核过程中要定期撰写考核报告，对考核的情况和进度进行小结。考核结束后要撰写全面系统的考核报告，对整个绩效考核工作进行总结。⑦使用考核结果。将考核结果向国会、媒体和公众报告，根据考核的结果发现政府采购部门在管理中所存在的问题，及时提出解决的方案提交国会和政府进行审议。对于下一年的政府采购工作也要以上一年的政府采购绩效考核结果作为指导。

监督考核内容。美国对于公共支出绩效的考核主要包括项目的立项决策、经济效益、综合影响、持续性四个方面。立项决策主要是考核项目立项的合理性；经济效益是考核项目的获利能力和成本效益的高低；综合影响是考核项目的运行对本地区、本行业经济发展的影响，以及该项目对地区及其周边的自然环境和相关社会环境的影响；持续性指的是项目考核完成后，是否对经济和社会产生持续或长期的影响。美国在1993年通过了《政府绩效评价方案》，该法案规定美国政府需要发展并提供一套绩效考评系统，同时各个联邦部门和机构必须提供战略规划和绩效报告。其目的是刺激政府管理改革，将注意力集中在政府完成了什么工作而不是到底花了多少钱。根据这一要求，美国联邦政府选择了平衡计分法理论来实施战略引导、沟通目标绩效以及衡量目标值的完成情况。

| 表4.3 | 美国政府绩效评估的平衡计分卡 |

用户	财务
用户的投诉率	节约的资金/成本花费比例
用户的满意度	采购交易的成本
用户对采购办事处的响应速度、	采购预算管理
合作和沟通技巧	尽量避免使用采购卡的成本
采购过程管理	学习/成长
有效地质量控制系统	培训时间及成本
邀请招标所占的比例	采购职业资格
有效地使用被选的采购方法	经验交流
（如电子商务的使用次数）	在职人员的流动性
履行国家政策的目标	员工对工作环境的满意度

3. 澳大利亚

监督考核主体。澳大利亚联邦财政和管理部负责政府采购绩效评估考核工作的实施。该部下设6个部门。其中监督商业服务部是一个立法和宏观管理部门，不直接参与政府采购的具体事务性工作，主要负责联邦政府采购的政策、法规的制定、修改，以及执行情况的监督、检查，如《联邦采购指南》的制定，对商品及服务供应商的市场准入资格进行审查和认定，接受个人以及商品和服务供应商对政府采购事项的投诉。另外设预算部，主要负责各代理机构政府采购项目、预算的审批、预算资金的划拨、预算执行情况的检查和评估，以及各部门采购预算的协调、建议等。财政与管理部对评估目标的实现程度和财政资金使用效益进行分析后，出具评估报告提交国会，并向公众公布。

监督考核程序。澳大利亚实施政府采购绩效评估制度的四道程序为：其一是评估的准备阶段。这一阶段主要是进行项目的逻辑性分析，编制评估计划，设计绩效评估指标等工作。其二是开展绩效评估，评估财政资金的使用效益。主要包括采购预期目标的完成情况，采购中各项支出是否合理，采购信息是否可信以及考评方法是否科学等。其三是对绩效评估的回顾。其四是对评估结果的使用，澳大利亚议会和财政部将评估结果反馈给被评估的各部门，并作为各部门制定下一年度的财政战略目标和预算的参考和依据。

监督考核内容。对采购项目实施绩效考核时，一般会跟踪采购过程逐步展开考核工作。根据考核阶段将考核具体内容分为三个部分。①采购的前期准备阶段。此阶段的考核内容包括：采购活动是否遵循公开、公正的原则；是否制定了具体的采购需求计划；采购计划中是否对采购物品进行详细的描述。②采购中期招标阶段。此阶段的考核内容包括：招标机构、投标时间和地点是否明确；是否是在两人以上的情况下打开投标文件；对投标人和投标日期是否做了记录；保密制度是否健全并执行，标底制定者是否与投标人无关；评标标准是否先进合理，是否与招标标准一致；评标委员会成员是否已经确定；评标结果是否由评标委员会独立做出。③采购结束阶段。此阶段的考核内容包括：整个采购过程是否超过规定时间；整个采购过程的文件是否完整、清楚；采购部门对采购物品的满意度；采购物品供应商的售后服务质量等。

4. 小结

在各国的实践中，虽然其监督考核主体、程序、内容和结果应用等各不相同，但所遵循的原则和特点都是相似的，具体有以下几个方面。

一是监管部门分工明确。国外政府采购监管基本形成了议会、审计部门、财政部门各有侧重、分工明确、相互配合的监督考核体系。其中，议会主要审查采购预算和决算，重点是审查政府预算安排的合法性与合理性；审计部门主要是对管理工作水平和采购资金的使用效率进行事后监督检查；财政部门对政府采购的监督主要侧重于资金的管理。

二是全程监督。国内外经验均证明，如果仅监督考核从采购信息发布到采购合同签署的几个环节，而不对采购前、采购后的诸多环节进行通盘考虑，则政府采购的监督考核必将流于形式。因此，各国一般都注重对政府采购进行全过程监控。在采购前，主要是进行预算控制，采购部门必须在规定的时间内事先对一年或几年需要采购的商品和服务进行预算，上报有关管理机构，经核实批准后方可实施，这确保了采购的计划性。在采购后，一般要对履约情况进行核查，确保合同的履行；同时要对部门的资金使用状况进行决算控制，即在财务结算后，由相关机构对部门资金使用情况进行决算或审计，确保资金使用的合理性。

三是监督考核的责任主体明确，便于追究。国外政府采购官员和监督考核官员均为专业化官员，如美国不仅有明确的采购官负责，在监管中也有契约官职位，有权代表政府缔结、管理或终止采购契约。且监管机构也会根据需要聘请外部专家或者专业机构参与监管，有助于明确采购过程中各方的责任。如果任何一方（采购单位、供应商、中介机构等）出现舞弊行为，一经查实，都会追究有关个人及其所在单位的责任，严重的将追究法律责任，决不姑息。

责任追究制度的实施，既在采购过程中起到了威慑作用，使大部分人不敢轻易违规，同时又能够在一些铤而走险的人发生舞弊行为后，较好地纠正因舞弊行为而产生的不公平以及由此造成的损失。

四、新时期提升我国政府采购监督考核机制的总体思路

为解决我国政府采购监督考核中出现的种种问题，借鉴国际政府采购监督考核工作的经验教训，适应当前我国社会经济发展对政府采购定位、职能和目标转变的需要，按照"抓紧解决老问题、逐步实现新目标"两条主线，建议政府采购的监督考核机制应遵循如下三个原则，实现四个提升。

一是遵循管采分离原则，从管采形式分离向实质分离提升。改变目前财政部门集日常管理和监督考核于一身的权力过分集中现象，进一步明确管采分离的原则和操作细则，切实发挥人大、审计和社会各界等多元化主体在监督考核中的权利、责任和参与形式。

二是遵循全程监管原则，从监督考核结果向监督考核全过程提升。更加强调政府采购前后端环节的监督考核，重点加强采购人源头监管，明确多元监督考核主体在不同环节的监管重点。

三是遵循权责对等原则，从重视规范性的程序监督考核向以采购合同为基础的，负有明确权责的采购责任人监督考核提升，进一步明确权责主体。

最终实现政府采购从预防腐败向实现政策功能提升。未来政府采购应不仅仅着眼于规范政府支出和预防官员腐败等职能，应通过

监督考核的指挥棒，引导采购各方自觉为实现政府采购的政策职能服务。

五、完善我国政府采购监督考核机制的政策建议

要进一步完善我国政府采购监督考核工作，解决老问题，实现新目标，应按照三个原则、四个提升的要求，加快政府采购监督考核的体制机制建设，明确监督考核工作的主体、对象、核心环节及各方权责。

1. 从体制建设上，以理顺财政部门权责为突破，更好落实"管采分离"原则，形成权责明确的多元化监督考核主体，填补当前监管空白环节

完善监督考核机制要从创新监督考核体制入手，"管采分离"的政府采购体制没有充分发挥监督作用，主要是"管"的主体监督考核的内容过于狭隘而又权力过大。为完善这一监督考核体制，应在拓展"管"的领域的基础上，明确和限制每个主体的权力。

一是要拓展"管"的内容，将"管"拓展至"日常管理"和"监督考核"两个职能。日常管理程序化、流程化，而监督考核则应进一步拓展至政府采购的需求、采购和审计等全过程。

二是要明确新增监管职能的责任主体。进一步加强采购前和采购后的监督，将其从财政部门的职能中拓展出来，由多元化的主体实现，并应从法律层面明确多元化的监督考核主体及其应该负有的

监督考核的权利和义务、监督考核结果的效力、监督考核的对象以及监督考核的方式和内容等。

结合国际经验，建议在政府采购的事前阶段，由各级人大负责同级政府采购人采购需求计划的监督考核，对采购人提出采购项目的采购标准、采购成本、采购方式进行评估和论证；在政府采购的事中阶段，由财政部门负责对集中采购机构以及社会代理采购机构合规性、采购绩效进行考核，并可委托政府集中采购机构负责对供应商履约情况的考核；在政府采购的事后阶段，以审计部门负责对采购项目整体绩效的全面考核，并提交人大进行决算审议。

在近期，一是探索论证加强人大和审计部门的预算和决算监督权力。对于未纳入预算的政府采购项目，不予批准、不得拨款。二是针对某些专业化领域探索从外部引入监督考核主体，如聘请专家或委托独立的第三方（中介机构）参与监督考核，提高政府采购监督考核主体的专业化水平。同时要进一步推进公开透明，加强社会监督等第三方监督力量，鼓励新闻媒体监督政府采购工作，建立政府采购定期公开报告制度，建立政府采购举报奖励制度和举报人保护制度等。

2. 从机制建设上，以促进政府采购专业化为抓手，明确政府采购各方、各环节责任人的责权关系，落实监督考核的对象，提升政府采购的效率

现行政府采购制度中包含了多层委托代理关系，采购人委托集中采购机构进行采购，集中采购机构再委托专家进行评标，这种按环节"分兵把守"的采购过程，往往存在着最终责任人缺失的问

题。所以在政府采购监督中，明确责任人的责权并根据事后问题追究相关责任就显得至关重要。

远期来看，采购人和采购使用人是两个不同的主体，应予以区分。采购使用人并非政府采购人，两者之间的核心区别在于采购使用人的需求往往不包含政策功能，并需要通过相关的规章制度和采购人来予以规范和抑制。因此，采购人作为政府采购的代表，应与采购使用人相对分离，较为独立的全权行使政府采购工作职能（类似于国外的采购官，可采用执业制度）。而基于专业化思路形成的执业采购官制度也将更有助于提升采购效率，实现政策功能。从监督考核的体制建设来看，执业采购官应按照代表政府、专业高效、相对独立的形式组建，应负有源头管理、签订合同和敦促监督合同履约的职能，并要对经手的政府采购合同负有终身的责任。而采购使用人应就采购需求和采购结果的问题，如货品、服务等的供应商合同履约状况，使用过程中的问题等及时向政府采购人反馈。

近期来看，我国在一段时间内还难以形成这样一支专业化、高效率的执业采购官队伍，采购使用人和采购人在短期内还难以分开，因此需要一个专业化的机构去约束采购人的采购需求。这一机构的组建可有两种思路，一是各采购人通过培育和引进人才，形成一支内部的专业化采购队伍，负责各机构自身的政府采购工作。但课题结合调研情况，建议明确现有的集中采购机构（包括政府集采和部门集采）作为政府采购的代表，负责执业采购官专业化队伍建设，远期逐步做实采购官权利，赋予其签订合同的权力，同时将责任落实，以便对其进行更有针对性和有效性的监督考核。执业采购官今后既可以散派至各采购使用机构（但不建议与采购使用人有人事隶属关系），全权负责该单位的政府采购，也可以就依托于现有的集中采购机构（政府集采和部门集采），全权代理政府各采购使用人合法合规的政府采购活动。由于集中采购机构在采购实施过程中，最能掌握采购的细节，因此可以更有效的监督采购过程中的不同当事人的行为，控制采购过程，反对贪污、浪费等腐败行为，更好地贯彻政府采购政策；而集中采购机构本身作为被重点监督考核的对象，又可以更好地规范其行为，所以执业采购官制度依托于集中采购机构建设是一个可操作性较强的方案。

为保障集中采购机构能够行使这一权责，近期应从以下几个方面加强集中采购机构的能力建设：一是强调集中采购机构及其内部官员的专业化水平，实现专业化官员管理的专业化采购。同时集中采购机构还应负责政府机关采购操作人员的培训。二是参与政府集中采购目录及限额标准的制定，负责制定政府集中采购操作规程、实施办法，统一组织本级政府集中采购目录的实施；三是负责接受各单位委托，办理集中采购目录外项目的采购事宜；四是在采购过程中对采购人、供应商、评审专家的具体采购行为进行监督和管理。最为重要的是，远期应就集中采购机构的定位进行调整，从目前《政府采购法》中定位的代理机构转变为执行机构。

三是形成对责任主体的追责机制和处罚机制。出现问题后，重点追责负责采购官培养的机构，以及采购官本人的责任，除非其举证采购使用人、供应商和评标专家等相关方具有更严重的责任。明确审计、纪检等部门介入到政府采购中的监督责任，如政府采购执行部门及其工作人员出现与采购使用人串通，内定中标或者成交供应商的，或者索取、收受贿赂获取其他不正当利益的，将追究行政责任，涉嫌犯罪的，依法移送司法机关处理；给他人造成损失的，依法承担赔偿责任，对串通或内定中标的，采购结果无效。

3. 从流程规范化的角度，应以强化监督考核采购关键环节为重点，推进源头的采购使用人监督考核和事中事后的参与方履约监督考核，实现监督考核全程覆盖

我国的政府采购监督考核应包含事前、事中和事后三个阶段，其监督考核的内容不仅要包括资金使用效率、资金节约率等经济性内容，还要包括立项决策、执行情况、环境保护、公众满意度等社会性内容。但现有的制度条件下，应着重理清政府采购过程中容易出问题的关键环节。

在政府采购的事前阶段，要科学管理采购需求。从采购使用人编报采购需求和采购计划开始就应进入政府采购的监督考核程序。这一阶段的考核当由各级人大（或财政部门）负责，对采购使用人提出的采购项目进行评估和论证，明确和细化资金来源、采购方式、采购时间、采购标准。其中监督考核重点应该包括以下方面的内容：首先，科学的需求说明，即准确地说明需要什么；其次，需求论证，对于所采购的功能，通过论证，确认是否的确为履行公共职能所需要；再次，需求的整合与规划，减少确需采购物品的过量采购。在政府采购标准的基础上，重点监督考核功能标准、单价控制和预算总额控制三个方面的内容。

在政府采购的事中阶段，要着重加强对招投标环节的监督管理，确保政府采购公平、公正。其一，在排查围标串标问题时应落实流程背后的责任人，明确责任追究的主体。其二，改变重事前审

批、轻事后监管的倾向，开展经常性的执法检查，强化对招标人与中标人合同签订情况、变更供应商、变更服务和货品内容以及未履行投标承诺情况的监督考核评价。对发现的问题和疑点及时通过纪检监察、司法、审计等部门进行技术取证，完善情况通报、案件线索移送、案件协查、信息共享机制，形成查办案件的合力。对一些涉嫌围标串标的人员，由司法机关及时查处，对一些不诚信的招标人、投标人、招标代理机构和评标专家则应排除在政府采购工作之外，并上网公示。其三，统一评审专家的权责，试行深圳的评定分离创新，将采购人吸纳到采购过程中来，同时加强评标专家的责任，将评标行为与其个人的社会信用挂钩。

在政府采购事中事后阶段还应重点落实对合同履约情况的监督考核。此阶段应就政府采购所签订的合同进行经常性的抽查。其一是检查采购人的信用历史、供应商的资质和诚信状况，以防止双方可能出现的违约状况。其二是通过设立采购资金专户或采取国库集中支付的办法，对财政安排的采购项目资金不再拨付到各部门单位，而是由财政部门根据政府采购计划、合同、供货单位凭发票原件及采购单位出具的验收证明和有关手续，报采购中心审核后，由专户或国库直接结算，从而加强合同履约的力度。其三是加大对合同违约行为的惩处，这一惩处不仅包括对采购人或供应商的惩处力度，还应包括对采购人订立的合同进行检查，就合同条款出现的排他性、模糊性等问题进行检查，发现问题后也应一并惩处，提高政府采购人和供应商对合同的重视程度。

在政府采购的事后阶段，重点是考核一个采购项目对某一地区的社会、经济、环境等宏观方面所产生的有形效益或无形效益的结

果，以及采购使用人对于采购服务的满意度等，并进一步完善政府
采购的申诉机制和供应商救济制度。

4. 以电子化建设为手段促进政府采购和监督考核过程公开
透明

加强电子化政府采购平台的建设，通过电子化的采购方式增强
公开透明度，并相应地根据电子化的要求减少人为因素的干扰。通
过电子化采购平台，建立健全采购执行的动态监控机制，加大对政
府采购信息发布、计划执行、方式变更、合同备案等重点环节的监
控力度。同时加强社会对于政府采购的关注和监管，扩展监管主体。

5. 以监督考核结果的合理运用促进政府采购绩效的进一步
提升

绩效评估结果在美国、英国和澳大利亚的绩效评估部门都得到
了充分合理的应用。通过评估结果能第一时间发现政府采购中存在
的问题，也就能及时地采取措施，达到未雨绸缪的效果。另外，以
各部门公共支出绩效评估结果而实行的奖励制度和责任追究机制对
各部门高效率、高质量地完成年度任务、节约采购资金也起到了很
好的激励作用。

我国也应该学习国外政府采购绩效评估结果的应用模式，将政
府采购监督考核结果与下一年度的采购预算、奖励惩罚制度挂钩。
同时要促使各部门积极地运用绩效评估的结果发现政府采购中存在
的问题，在以后的采购工作中加以改进，不断提高政府采购绩效。

执笔：黄斌

专题五
我国政府采购的若干保障机制研究

政府采购预算管理、供应商管理与信息化建设对于保障政府采购公开透明、公平竞争、公正、诚实信用具有重要作用，也是新时期推动公共财政支出绩效最优化、由程序合规向结果高效转变的重要手段。本专题探讨我国政府采购预算管理、供应商管理、信息化建设的现状、存在问题及原因、改革理念及具体政策建议。

一、推动预算规范化，加强政府采购源头管理

政府采购预算是指采购机关根据事业发展计划和行政任务编制并经过规定程序批准的年度政府采购计划。它集中反映了预算年度内各级政府用于政府采购的支出计划，在一定程度上反映了行政事业单位的资金收支规模、业务活动范围和方向，是部门预算的组成部分，也是政府采购工作的基础。推动政府采购预算规范化是细化财政支出管理的重要手段，是加强政府采购源头管理的重要手段，对于提高政府采购资金的使用效率、建立现代财政

制度具有重要意义。

（一）我国政府采购预算管理体系现状

1. 初步形成了较为全面的采购预算制度体系

《政府采购法》第 6 条规定："政府采购应当严格按照批准的预算执行"；第 33 条规定："负有编制部门预算职责的部门在编制下一财政年度部门预算时，应当将该财政年度政府采购的项目及资金预算列出，报本级财政部门汇总；部门预算的审批，按预算管理权限和程序进行"。此后财政部出台一系列行政规章，规范政府采购预算管理体系，初步形成了较为全面的采购预算管理制度体系。

2. 采购预算在节约财政资金、降低行政成本方面发挥了重要作用

建立了以资金节约率为主的财政资金使用效益考核体系。政府采购资金节约成效明显，近年全国政府采购每年的资金节约率都在 10% 以上，十年来累计为国家节约资金 8000 多亿元，财政资金的使用效益大大提高。政府采购资金节约率一直保持在 11% 左右。2012 年全国政府采购节约资金 1850.8 亿元，节约率为 11.7%。

（二）当前我国政府采购预算管理存在的问题与原因

1. 缺乏有效的采购需求管理，难以发挥预算的定价控制作用

《政府采购法》第六条规定："政府采购应当严格按照批准的预算执行"，政府采购预算编制因此成为政府采购管理的源头。在政府采购改革推行初期，财政资金紧张、采购行为很不规范的情况

下，为迅速达到压缩需求、节约资金、规范采购行为的目的，通过对预算的源头控制实现对采购行为的约束，无疑是最简单而有效的途径，立法的这一制度设计具有特定的时代背景①。

　　但随着政府财政收入增加、预算标准不断提高，预算标准高于政府采购实际需求成为普遍现象，通过预算控制采购需求的做法难以满足实际操作需要。由于政府采购预算编制没有采购需求论证的前置环节，"我国的政府采购预算编制存在的问题之一就是缺乏一个合理的定价体系，往往是'拍脑袋'，随意性很强。"② 实践中，采购人主要考虑的不是在有限的预算标准下如何满足基本需求，而是在充裕的资金保障下怎样实现采购需求的最大化，背离了政府采购制度的初衷。

　　目前我国主要对政府机关公务用车的使用实行标准控制，其他大量的通用产品采购都缺乏基本的标准控制，如电脑和各种信息软件、家具、会议服务等，没有限定的采购标准。在程序合规的导向下，由于缺乏科学的需求管理③，经常会导致采购人盲目追求技术超前、款式最新、功能最全等远远超出实际需求的现象，导致价格虚高、豪华采购和不必要的财政资金浪费。而现行体制下，采购监督管理只能依据相关法律进行程序上的监督，而对于这种符合程序规范的超标采购往往束手无策。

---

　　① 赵会平："再造政采流程，推需求标准化"，《政府采购信息报》，2013年10月21日。
　　② 牛志奇："政府采购管理中的问题及对策"，载于《全球金融危机形势下的政府采购与公共市场研究论文集》，中国经济出版社2010年版，第24页。
　　③ 政府采购需求管理的内涵是对具体采购项目的采购标准的管理，包括标的物的技术指标、质量要求、规格等级、功能配置和对应预算的管理。

2. 采购预算与资产管理脱节，难以进行有效的采购需求论证

政府采购预算资金管理规定要求，必须有政府采购预算才能实施政府采购，但未规定采购资产是否有必要购置、资产有无定额控制等资产管理范畴的问题，造成财政资金的浪费与低效率利用，主要原因在于资产管理与采购预算缺乏有限衔接，导致重复采购、盲目采购。

课题组对全国94个省市级政府采购监督管理部门的问卷调查显示，47.8%的受访对象认为要提高政府采购预算编制质量，最重要的措施是精细预算，采购预算细化到各项开支的数额和时限；31.1%的受访对象认为应明确标准，统一政府采购产品经费预算标准、资产配置标准和采购需求标准；同时"财权上收，对于一些重大政府采购统筹考虑，在上级预算中列支"、"审计追责，决算中对于不符合预算要求的政府采购行为严加追责"、"公开透明，进一步公开政府采购预算明细，接受社会各界监督"等举措也有一定普遍性。

3. 预算编制精细化程度有待提升，预算调整机制不健全

我国尚未建立完整的预算编制制度，预算编制过粗，长期存在着预算内和预算外两套资金运行方式，财政部门难以有效监控预算外资金的使用情况，造成政府采购计划的编制和审批程序缺乏有效约束，预算执行随意性大。

采购预算编制周期长，预算调整机制不健全。一是政府采购预算与部门预算没有达到同步编制。政府采购预算是部门预算的组成部分，应该与部门预算同步编制，并在部门预算中一一列示。但在

实际编制时经常是与部门预算分别布置、分别编制、分别上报、汇总等环节形成脱节，造成政府采购预算执行过程中没有资金保证，出现预算归预算，执行归执行的问题。二是计划滞后，专项支出无法细化。各编制单位工作计划与财政支出计划不同步，部门预算与实际工作计划的脱节，导致预算不全、不细、不明确。三是预算资金安排基本上是"基数加增长"的模式，对资金的基数部分缺少必要性的分析和论证，缺少随时间、实际等因素进行调整的机制。

（三）推动政府采购预算规范化的政策建议

以建立现代财政制度为总目标，以公共财政支出效益最大化为基本导向，政府采购预算体制应尽快实现由"节约资金"向"绩效最优"转变，建立以预算精细化为目标的政府采购定价体系，强化需求管理，强化采购人的需求责任，强化政府采购需求管理与预算经费标准、公共服务绩效标准对接，强化采购预算执行与预算绩效考核。

1. 提高预算编制精细性，建立合理的政府采购定价体系

建立完整、准确的政府采购预算编制制度是深化政府采购制度改革的重要内容。要解决目前预算编制粗糙、准确度低的问题，提高预算编制的精细性、科学性，必须尽快建立科学合理的政府采购定价体系，确定预算的价值基础，确定定价基础、定价原则。

2. 强化采购人提供规范需求的责任，加强采购需求标准控制

按照权责一致原则，通过法律制度明确各政府采购当事人在需求管理中的职责，强化采购人的提供规范需求的责任。强化政府采

购需求管理，应按照权责一致的原则合理配置政府采购各方参与人的权利义务，调动其参与需求管理的积极性和能动性，发挥各方参与人的优势和作用。采购人根据实际需要提出需求，强化采购人在采购活动前或采购活动中提供合理、明确需求的责任；监管部门进行需求论证，以审查采购项目的必要性、采购资金来源、采购数量、配备标准、采购类型、技术参数及配置需求、参考单价等内容为重点，论证审核需求的必要性和合法性，并对需求进行必要的整合与规划，减少重复采购与过剩采购；代理机构制订、执行满足需求的采购方案。

平衡个性化需求与共性化需求，提高需求标准制定的专业性。对于通用设备，探索由政府采购管理部门进一步完善政府采购需求标准；对于行业专用设备，如医用设备、警用设备、海关设备等，试点采取由各行业主管部门、行业协会起草所属行业的商品需求标准，由政府采购管理部门批准。通过标准化建设实现采购预算和计划审核的科学化，切实防止重复采购、盲目采购、超标准采购等现象的发生。

完善对招标文件限制性条款和排他性条款的管理，防范围标串标行为。采购人确定需求时和采购人、采购代理机构制定采购文件时，不得指定供应商或货物品牌，不得制定指向特定产品的技术规格，不得含有不合理的限制条件。参考深圳市 2013 年 6 月实施的《深圳经济特区政府采购条例实施细则》明确规定了采购人招标文件的"五不准"原则，即不准有与项目等级不相适应的资质要求；不准标明特定的供应商或者产品以及指定品牌或原产地，不准要求制造商授权；不准根据某个企业或者品牌的产品说明书或技术指标编制采购需求参数；不准将注册资本、资产收入、业绩经验、经营网点等条件作为合格供应商资质条款；不准含有其他歧视性、排他性等不合理条款。

3. 建立需求管理与资产配置标准、公共服务绩效标准相衔接的管理体制

建立以资产配置定额为前提的科学的标准化定员定额体系，建立与政府采购相衔接的资产管理机制。实行标准化定量定额，标准化定量定额是财政部门和主管部门编制、核定单位预算、考核预算执行情况的依据，在制定标准化定员定额过程中必须坚持编制计划与经费计划相统一原则。2009 年，财政部开始探索对土地、房屋、汽车等资产进行管理，建议进一步扩大范围，将其扩展到政府采购集中采购目录内产品，制定车辆、办公家具、办公设备等的配备标准，将财政资金用到实处。

推动需求管理与公共服务绩效标准对接，探索区别于货物采购的服务需求管理制度。按照国务院《关于向社会力量购买服务的指导意见》（国办发〔2013〕96 号）要求，结合公共服务绩效标准，开展对特定专用设备及政府购买公共服务产品的需求标准研究。在确保效果满意的前提下，兼顾部分公共服务具有连续性和不可中断性的特点，体现一定的灵活性，借鉴英美"框架协议"采购方式，采取研究延长采购周期的方式，逐步允许对部分长期性服务项目实行"一定两年或若干年"采购方式，以保证公共服务的持续有效提供，根据采购结果编制和调整部门预算。

4. 严格执行采购预算

第一，坚持法制化，监督要贯穿于采购预算执行的全过程，采

购单位要按照规定执行预算，不得擅自改变资金用途和超标准采购，树立《预算法》和《政府采购法》的权威性、严肃性，增强预算约束力。同时还要在强化公共支出预算执行约束方面保证预算执行信息快捷、反应灵敏。第二，改革采购预算拨款方式。严格按照批准的预算执行，拨付采购预算资金应坚持按预算计划、采购进度、规定用途、预算级次拨款，财政拨款由国库单一账户集中进行拨付。第三，建立采购预算与部门预算同步调整机制。政府采购预算与部门预算实行同步编制、同步上报、同步审核、同步汇总、同步批复、同步执行；编制采购预算时，逐步采用零基预算的方法。

5. 强化采购预算绩效考核

第一，完善公共支出预算执行中的控制监督。逐步建立立法部门、财政部门、审计部门、主管部门和各单位内部不同层次的监督体系和监督制度。第二，监督检查机构必须要对照采购预算严格核查，并全面总结单位的预算执行情况，通过事中监督和事后检查以对其执行情况起到及时的"预警"和"纠偏"效果，切实保障采购预算的依法运行。

二、完善供应商管理，维护政府采购市场秩序

供应商是指向采购人提供货物、工程或服务的法人、其他组织或自然人。供应商是政府采购的重要当事人，承担着向采购人提供采购对象的重要责任。未来政府采购的制度目标应从注重节支防腐

向实现"绩效最优"（Value for Money）转变，不断完善政府采购市场交易规则，实现公共财政支出绩效最大化，提高采购效率与质量，保证供应商的有效、充分竞争，成为政府采购制度有效运转的基础。

（一）我国政府采购供应商管理现状

1. 初步形成了较为全面的供应商管理制度体系

为加强政府采购供应商管理，规范供应商的政府采购行为，依据《政府采购法》，财政部相继出台《政府采购货物和服务招标投标管理办法》（财政部第 18 号令）、《政府采购供应商投诉处理办法》（财政部第 20 号令），对于政府采购供应商管理进行了更为具体的规定，基本涵盖供应商资质审查、投诉质疑、监督管理、权利与义务界定等内容。在此基础上，全国多个省市制定了供应商监督管理办法，如《浙江省政府采购供应商质疑处理办法》、《江苏省政府采购供应商监督管理暂行办法》，初步形成了以政府采购法为核心，较为全面的供应商管理制度体系。

2. 初步建立了以采购人为主体、以履约能力为主要内容的供应商审查机制

以采购人为审查主体。根据政府采购的公开透明原则，要求供应商能够及时获取政府采购的相关信息，但并不是所有对于采购活动感兴趣的供应商都有能力或资格参与政府采购活动，采购人应当对供应商的资格进行审查，选择合适的供应商参加政府采购。我国《政府采购法》第23条规定："采购人可以要求参加政府采购的供应商提供有关资质证明文件和业绩情况，并根据本法规定的供应商条件以及采购项目对供应商的特殊要求，对供应商的资格进行审查"，明确了供应商资格审查主体应为采购人。

以供应商履约能力①为主要审查内容，包括对资金担保、技术规格、资金实力、商务资历、技术能力等内容。在评定供应商资格时，不仅仅局限于采购价格，而是要综合考虑质量、投标者以往业绩、供应方案的可靠性、环境和社会影响等。我国《政府采购法》对供应商资格审查的内容做了初步界定，第 22 条规定了供应商参加政府采购应当具备的条件：一是具有独立承担民事责任的能力；二是具有良好的商业信誉和健全的财务会计制度；三是具有履行合同所必需的设备和专业技术能力；四是有依法缴纳税收和社会保障资金的良好记录；五是参加政府采购活动前 3 年内，在经营活动中没有重大违法记录；六是法律、行政法规规定的其他条件。2004 年财政部颁布的《政府采购货物和服务招标投标管理办法》第 54 条规定："评标应当遵循下列的工作程序：1. 资格性检查，依据法律法规和招标文件的规定，对投标文件中的资格证明、投标保证金等进行审查，以确定投标供应商是否具备投标的资格；2. 符合性检查，依据招标文件的规定，从投标文件的有效性、完整性和对招标文件的响应程度进行审查，以确定是否对招标文件的实质性要求做出响应。"

在《政府采购法》指导下，地方政府颁布了规范性文件以规范供应商资格审查工作。如 2002 年发布的《安徽省省级政府采购供

---

① 履约能力主要指履行经济合同的实际能力。

应商资格审查登记办法》、《内蒙古自治区政府采购供应商资格认定管理暂行办法》、《贵州省政府采购供应商资格认定管理暂行办法》、《广州市政府采购供应商资格登记管理暂行办法》等。

　　3. 供应商投诉处理机制初步规范化

　　随着政府采购改革向纵深推进，形成了采购人、采购代理机构、监管部门、供应商之间的多方法律关系，随着利益格局的变动与法律关系的复杂化，各种冲突和矛盾难以避免①，如何给供应商提供有效救济，是政府采购制度公正性的重要体现。

　　我国《政府采购法》确立了内部救济与外部救济相结合、行政审查与司法审查相结合的政府采购救济机制。我国政府采购法规定的救济方式主要有：询问、质疑、投诉、行政复议和行政诉讼，初步建立了采购人——监督管理部门——人民法院的投诉质疑程序。①询问。《政府采购法》第51条规定"供应商对政府采购活动事项有疑问的，可以向采购人提出询问，采购人应当及时作出答复，但答复的内容不得涉及商业秘密"。②质疑。质疑是指供应商认为采购文件、采购过程和中标、成交结果使自己的权益受到损害而向采购人或采购代理机构提出请求，要求纠正或予以赔偿的一种救济方式。这意味着质疑是投诉的前置程序，供应商只有在质疑后方可向政府采购监督管理部门提出投诉，对投诉处理不服的可以进入行政复议或行政诉讼程序。质疑是国际上通行的一种做法。我国政府采购法规定供应商可以在知道或者应知其权益受到损害之日起七个工

---

　　① 《2012年全国政府采购信息统计分析报告》显示，2012年各级财政部门共收到供应商投诉876起。

作日内，以书面形式向采购人提出质疑。采购人应当在收到供应商的书面质疑后七个工作日内作出答复，并以书面形式通知质疑供应商和其他有关供应商，但答复的内容不得涉及商业秘密。③投诉。质疑供应商对采购人、采购代理机构的答复不满意或者采购人、采购代理机构未在规定的时间内作出答复的，可以在答复期满后十五个工作日内向同级政府采购监督管理部门投诉。投诉采用书面形式，并按照财政部《政府采购供应商投诉处理办法》规定的内容，监管部门在收到投诉 30 个工作日内对投诉事项做出处理决定。④行政复议。投诉人对政府采购监督管理部门的投诉处理决定不服或者政府采购监督管理部门逾期未作处理的，可以依法申请行政复议。供应商申请行政复议要按照行政复议法进行。⑤行政诉讼。投诉供应商对政府采购监管部门的投诉处理不服的，可以按照行政诉讼法的规定，向人民法院提起行政诉讼。

在供应商投诉处理制度建设和机制规范化上取得新成效。例如财政部针对投诉举报处理中发现的操作失位、监管失位、制度缺失等问题，印发《关于明确政府采购联合采购活动中投诉、举报事项监督权问题的通知》。各地供应商管理制度体系初步完善，如青岛市建立网上投诉窗口和曝光台；云南省推行在质疑阶段指导采购代理机构查找其采购规范性方面存在的问题；河南省在投诉处理中聘请法律顾问、组建咨询专家组、完善投诉处理专家评审制度，形成与纪检监察、审计和法院经常性沟通和技术鉴定等尊重权威效力等机制。

4. 各地供应商诚信档案建设进程加快

现有法律法规依据严重程度与影响大小分级，对供应商不良行为进行了初步认定。供应商诚信档案是规范供应商管理、促进供应商依法诚实经营和公平竞争的重要保障。现有法律法规依据严重程度与影响大小分级，对供应商不良行为进行了初步认定。《政府采购货物和服务招标投标管理办法》规定，中标供应商有下列情形之一的，招标采购单位不予退还其缴纳的保证金，情节严重的，由财政部门列入不良行为记录名单，在一至三年内禁止参加政府采购活动，并予以通报：中标后无正当理由不与采购人或者采购代理机构签订合同的；将中标项目转给他人，或者在投标文件中未说明，且未经采购招标机构同意，将中标项目分包给他人的。《政府采购法》第 77 条指出对供应商拒绝有关部门监督检查、提供虚假情况以及采取不正当手段诋毁、排挤其他供应商等行为要接受处罚。《中华人民共和国合同法》第三章合同的效力部分也有相关内容。

　　各地政府采购信用体系建设力度不断加强。2009 年哈尔滨市财政局发布《哈尔滨市政府采购供应商不良行为监督管理暂行办法》；2012 年上海市财政局发布《上海市政府采购供应商登记及诚信管理办法》（沪财库〔2012〕24 号），规范上海市政府采购供应商管理，建立供应商诚信档案，促进政府采购供应商依法诚实经营和公平竞争；南京、济南、宁波、义乌等城市均已施行《政府采购合同履约和验收管理暂行办法》来约束供应商的履约行为，通过信用等级管理方式对中标供应商履约行为进行管理，为供应商今后参与政府采购项目提供信用参考。

（二）当前政府采购供应商管理存在的问题与原因

1. 供应商管理制度设计强调保障平等参与权，重前期资格审查，轻后期履约验收

为保障公平竞争，供应商管理强调保证所有潜在供应商平等参与权，在制度设计上重视前期资格审查，对后期履约验收重视不足，"重招标、轻验收"的现象在政府采购实际操作中普遍存在。这导致部分供应商为谋取中标，往往采取以最好承诺和低于成本的价格投标，中标后为追逐利润，出现大量以劣抵优、以次充好、变更内部设备、私改中标品牌与配置的做法。同时，部分供应商在履行政府采购合同过程中，不按照招标承诺办事，而采取弄虚作假、欺诈隐瞒等手段，将采购项目分包转包，导致货物、服务和工程的质量低下、工期延误或者出现各种安全问题或经济纠纷。产生这一问题的根本原因在于政府采购制度设计偏重于保障平等参与，过多强调"完全竞争"与采购程序规范化，对于采购质量重视不足，政府采购市场竞争机制尚不完善。

2. 供应商资质审查标准过于笼统，导致中标供应商的资质问题成为投诉热点，降低采购满意度

供应商资格审查是供应商管理的前端环节，对于约束政府采购行为、更好地保护采购双方当事人的合法权益具有重要意义。在采购实践中，供应商质疑和投诉最多的是中标、成交供应商的资格问题[①]，这主要是由于当前供应商资质审查标准不健全，难以适应新

---

① 谷辽海："供应商资格审查制度流于形式"，《中国经济时报》，2005 年 7 月 26 日。

时期采购实际操作的需要。

首先，供应商资格审查内容较为笼统，供应商资格审查内容以原则性规定为主，缺乏细化操作规范。我国《政府采购法》第二十二条虽然也规定了供应商的资格审查标准，但其对供应商资格审查的内容规定过于笼统，并无具体的可操作性的审查规则，且流于形式，自由裁量空间大。

其次，对采购人主体的审查权和选择权约束相对不足。《政府采购法》规定了采购人是供应商资格审查的主体。在实际采购操作中，采购代理机构与供应商接触频率最高，甚至先于采购人接触供应商，却无法行使资格审查权，不利于提高采购效率。

再次，供应商资格审查程序有待完善。《政府采购法》要求说明供应商提交资质证明材料的时间、审查方法和期限，但是在政府采购实际操作中，各地采用不同的供应商资格审查程度：一种是采用分阶段招标法，先对资格招标，审查供应商的资格，再对商务招标，只有通过资格审查的供应商才能参加投标；另一种做法是一步到位法，要求供应商将相应资格证明连同投标文件一并送交采购人，评审专家在评标时，先对资格进行审查，对不符合条件的供应商的投标做无效标处理，不予评审。前者增加了审查程序，降低了采购效率，延长采购周期；后者则使得资格审查环节后置，容易造成无效劳动[1]。

---

[1]　陈丽萍、王建明："刍议政府采购供应商资格审查制度的构建"，《中国政府采购》，2010 第 10 期，第 78～80 页。

3. 现行政府采购监督考核机制侧重于考核集中采购机构，对供应商的监督约束比较宽松，供应商围标串标现象严重

当前政府采购监督考核机制以政府集中采购机构为主要考核对象，对于供应商的考核比较宽松。这导致在实际采购工作中，政府采购项目招标中的"围标"、"串标"、"轮流坐庄"现象屡见不鲜；采购人与供应商勾结，通过设置歧视性条款为特定供应商"量身定做"招标文件；采购中心指定采购代理机构、指定供应商，滥用职权、收受贿赂等现象屡禁不止。

当前供应商监督考核机制内容较为宽泛，对于供应商不良行为的认定存在标准宽泛、范围狭窄、程序复杂、操作性差等问题。例如《政府采购货物和服务招标投标管理办法》第21条规定："招标文件规定的各项技术标准应当符合国家强制性标准。招标文件不得要求或者标明特定的投标人或者产品，以及含有倾向性或者排斥潜在投标人的其他内容"，但对于"倾向性或者排斥潜在投标人"并无明确规定，降低了管理规章在实际操作中的适用性。对于供应商履约验收，没有明确规定政府采购方和验收者的主体身份和制衡关系，也没有建立利害关系人回避的"第三方"验收制度。《政府采购法》第41条规定"采购人或者其委托的采购代理机构应当组织对供应商履约的验收。大型或者复杂的政府采购项目，应当要求国家认可的质量检测机构参加验收工作。验收方成员应当在验收书上签字，并承担相应的法律责任"。从此条规定来看，采购人是采购验收主体，但对于"大型或者复杂的政府采购项目"缺乏明确的划分标准，在实际操作中无法认定，也缺乏对验收程序的明确界定。

4. 供应商救济机制重行政救济、轻司法救济，且现行体制下行政救济程序不畅，削弱救济公正性

第一，当前我国供应商救济制度以行政救济为主，对司法救济机制重视不足。《政府采购法》第六章中规定的供应商救济方式主要是行政救济。国际经验表明，除行政救济方式外，司法救济也是一种有效途径，主要包括民事诉讼救济和行政诉讼救济。然而，我国《政府采购法》仅规定因采购合同发生的争议适用行政诉讼，对民事诉讼救济并无规定。

第二，现行行政体制下行政救济程序设置不畅，救济程序冗长，不利于供应商及时维权。《政府采购法》规定，质疑是投诉的前置程序，供应商只有在质疑后方可向政府采购监督管理部门提出投诉，对投诉处理不服的方可进入行政复议或行政诉讼程序。供应商必须经过完整的行政救济程序，才能依法提起行政诉讼，这不利于供应商及时维权，降低救济效率。

第三，救济对象范围过窄，受理机构不具有独立性，导致行政救济制度的中立性、公正性尚未得到完全发挥。政府采购法规定的救济范围仅限于对招标文件、采购过程、中标或成交结果等三个方面的内容，并未规定在政府采购合同订立后，政府采购合同履行阶段发生的争议如何进行救济。

（三）完善政府采购供应商管理体制的政策建议

为进一步完善我国供应商管理体制，营造更充分、更有效的竞争环境，政府采购供应商管理制度设计应由侧重"平等参与、充分

竞争"向侧重"合同履约、有效竞争"转变。在前期的资格评定阶段,建立以采购代理机构为预审主体、以采购人为复审主体的资格审查机制;在中期履约阶段,明确履约验收程序和责任人,引入独立的第三方验收机构,以合同履约为核心标准,完善供应商考核评价体系;在后期,完善供应商信息库与信用评价体系。同时,为了确保政府采购制度的公正性,推动供应商救济制度向行政救济、司法救济并重转变,增设独立于管理部门之外的前置救济机构。

1. 以合同履约为核心,加强中标供应商履约管理

合同履约是采购交易的中心环节,为提高政府采购质量、维护政府采购结果的严肃性与公正性,必须加强中标供应商的履约管理,建立以合同履约为核心的供应商考核评价体系。

一是尽快从法律法规层面明确政府采购项目履约验收的程序和责任人,制定严格的履约验收规程,建立政府采购项目履约验收责任终身制。

二是以采购合同为验收依据,完善合同履约评价程序。政府采购合同是政府采购履约和验收的主要依据,以采购合同、招标文件和投标文件为主,并结合国家颁布的有关规定标准、国家有关部门的检测报告、制造厂商的产品说明书作为参考,对采购表的规格、功能、参数、品质等技术指标,包括供货时间、售后服务在内的相关要求确定严格的验收标准,并据此逐条审核,给出结论性建议。杭州市按采购合同约定的付款条件和付款期限进行分阶段验收,将"供应商履约评价体系"程序划分为三个阶段:①合同签订至项目基本建设完成,通过中期验收,即初验阶段,主要包括供应商的采

购准备、需求调研、备货验货、进场实施、进入试运行等；②项目试运行至完成全部所投标项任务，通过最终验收，即终验阶段。主要包括系统完善、设备调优、运行纠错、需求修改，应用培训等；③经终验合格，正式交付使用，进入维护期，即维护阶段。主要包括日常维护、巡检服务、电话支持、现场服务等。

三是建立第三方独立验收制度。由于第三方不代表采购人利益，可以客观、公正地组织验收，可以及时发现，并有效解决验收中存在的问题，切实维护合同双方合法权益，实现购买、验收、使用和付款四权分离，形成相互制约机制；同时发挥质检机构的专业技术优势，保证验收工作的公平、公正、准确和及时。

2. 以供应商准入机制为重点，规范政府采购市场秩序

第一，尽快建立完备的供应商资格审查制度，优化资格审查流程。采取预审和复审相结合的方式，以采购代理机构为资格预审主体，以采购人为资格复审主体，采购代理机构和采购人共同分担审查主体，减轻采购人的负担，加大审查力度，为资格审查提供有效的制度保障。规定进入政府采购市场的供应商必须具备一定条件，符合条件的供应商发给市场准入资格证书，并实行年检制度。

第二，加强对招标文件倾向性和排他性条款的管理，建立公平公正的供应商准入机制。推动采购文件规范化、标准化，杜绝采购人或集中采购机构将与履行合同能力无关的条件和明显超过项目需求的非强制性认定、报备、评选资质设定为供应商特定资格条件，杜绝中小企业实行差别待遇或歧视待遇，确保供应商有效、充分竞争。

3. 以电子采购平台为载体，推进全国供应商信息库与诚信体系建设

首先，尽快建立政府采购供应商诚信体系，及时记录供应商的不良行为。建立供应商招标投标信用档案和公示制度，将供应商的行为全部纳入诚信体系管理，对供应商的遵纪守法、履行合同、采购人满意度及投诉等诚信状况进行详细登记备案，定期公示，实行动态管理，逐步形成完整、准确、系统的供应商诚信档案。

第二，细化供应商不良行为的认定标准，引入合理的信用评价和等级管理模式，提出具有操作性和实用性的供应商不良行为管理方案。建立供应商招标投标信用档案和公示制度，对招投标活动进行信用记录，并对不良行为通过网络进行曝光，采取取消政府采购市场准入资格、降低资质、限制参与招投标等措施，提高供应商违约成本。

第三，借助政府采购电子化信息平台，构建全国统一的供应商信息库，建立全国统一的供应商资格审查、信用评价体系。

最后，充分发挥新闻媒体等社会舆论监督的作用，强化公众公共监督意识，共同推动政府采购健康发展。

4. 形成行政救济与司法救济并重的供应商救济制度，增设独立于管理部门之外的前置救济机构

第一，完善供应商救济机制，强化司法途径对于供应商救济的重要作用，重点完善民事诉讼救济机制，推动供应商救济机制多元化。司法救济制度可以为供应商在遭遇不公正待遇，而且无法与采

购人或者采购主管部门妥善解决争端时，通过司法途径保障权利。借鉴美国的政府采购国家赔偿基金制度，支付对供应商损失的民事赔偿。

第二，优化行政救济流程，取消质疑前置。质疑程序只是自行解决纠纷的内部救济方式，不应当设定为必经程序。扩大质疑主体与范围，将质疑范围由"采购文件、采购过程和中标、成交结果"扩大成与供应商权益相关的采购行为。

第三，以审计机关为主，建立独立的投诉受理机构。首先，设立独立的审理机构是国际通行做法，也有利于加快适应 GPA 协定要求。WTO 的《政府采购协议》规定政府采购中各项质疑应由一家法院或与采购结果无关的独立公正审议机构进行审理①。参与协议的有关国家以不同做法落实这一条文。美国政府采购救济机构最具权威的是 GAO（Government Accountability Office），GAO 直接向国会负责，其受理供应商投诉具有独立性以及高效、快速和低成本三个特征，其依据美国《缔约中竞争法》，受理政府采购准备阶段对采购文件、供应商资格、技术规格提出的异议和中标人确定后，授予合同阶段对评标和中标结果的投诉；GAO 由资深的政府采购法律专家组成，属于政府公务员。日本于 1995 年建立了政府采购审查办公室（Office of Government Procurement Review）和政府采购审查局（Government Procurement Review Board），政府采购审查办公室由日本内阁首席大臣领导，成员包括日本 12 个部的行政副部长和各机构的高级官员；政府采购审查局是专门受理质疑的机构，

———————

① 见政府采购协议 20 条。

其成员由政府采购审查办公室的行政首领任命，成员包括科学家、学者和其他具有政府采购经验的人员，以确保独立、公平的供应商救济。西班牙经济和财务部设立专门的供应商评价司，对政府采购供应商进行年度商务和技术评价。商务评价指标包括企业注册资金、经营状况、缴纳税收和解决就业四个方面；技术评价主要是企业承接合同能力和供货服务能力，上述评价全部基于量化打分，按照企业最终得分划分供应商等级，以决定该供应商下一年可参与何种额度和复杂度的政府采购项目。其次，审计机关承担采购争议的受理工作具有较强的可行性与必要性。政府采购法已明确审计机关对于政府采购活动的审计监督权，审计机关具有较高的行政级别与独立的法律地位，相对于财政部门具有更强的独立性，能够更好地发挥救济制度的公正性与严肃性。

三、推进电子化采购，保障政府采购公开透明

电子化采购指以信息化、网络化、电子化技术为支撑，实现从传统政府采购载体向电子化、信息化方式转变，实现对政府采购活动全过程和动态的监督管理。政府采购电子化建设是深化政府采购制度改革的重要内容，是提升政府采购工作效率、落实各项政府采购政策功能、解决政府采购的各环节不衔接、制度不完善、机制不健全等问题的有效途径，是实现政府采购科学化、精细化管理的重要手段，是政府采购公平、公正和高效的重要保障。

（一）我国电子化采购发展现状

1. 政府采购信息化水平不断提高

我国推行政府采购以来，各级政府积极推进政府采购电子化建设，各地普遍建立了省市级电子采购平台，政府采购信息化水平不断提高。多数平台以各级财政部门为运营主体，以财政厅/局内设机构或外包公司为主要开发主体，以当地"政府采购网"为主要载体，以信息发布为基本功能（部分平台兼具监督管理和交易执行功能）。当前，网站已经成为信息发布的重要渠道，北京、上海、广东、浙江等部分省市政府采购实现了高度信息化。

中央层面，我国政府采购信息化应用从发布政府采购信息开始，目前已建成"一网三库五个系统"的电子化采购服务平台。"一网"即中央政府集中采购工作的门户网站——中央政府采购网，"三库"即采购中心建设的 3 个数据库，其中采购人库拥有所有中央采购单位的详细采购信息，采购人可以通过这个系统实现从项目委托到合同验收的全流程采购活动；供应商库包括所有参与中央政府采购活动的各类供应商的行业、资质、规模、产品信息等详细信息；商品库主要搜集商品信息。"五个系统"是采购中心针对法定政府采购方式建设的 5 种网上项目操作系统，包括网上协议供货系统、网上定点采购系统、小额采购系统、网上竞价系统和电子辅助招投标系统，涵盖网上投标、评标、自动公告、自动生成合同文本、货物验收单、信息统计和网上招投标等功能。为规范全国电子采购平台建设，财政部制定颁布了《政府采购品目分类目录》，并出台了《全国政府采购管理交易系统建设总体规划》和《政府采购业务基础数据规范》，为全国政府采购信息化建设、基础数据共享打下了良好基础。

地方层面，各地积极探索网上交易等更深层次的电子化政府采购工作。在各地政府采购网站上普遍具有的栏目包括采购公告、采购目录、规章程序说明、法律法规等，部分网站还提供了政府采购案例介绍、工作动态、标书下载等，方便了政府采购活动相关信息的流通。比如在国内第一个开通政府采购网站的厦门市，供应商只需轻点鼠标，就可了解采购信息并进行投标；广东省在由用户注册、信息发布、电子订单、反向拍卖、电子合同、电子招投标、履约诚信系统以及商品行情库等八大子系统构成的政府采购操作执行平台上，采购人可在网上完成协议供货的货物采购；深圳市2003年开始实施网上政府采购系统工程，包括申报、招标、投标、开标、评标、发布公告、监管等网上信息处理。

2. 电子采购平台成为重要的信息发布与监管渠道

政府采购信息公开机制逐步完善。《政府采购法》第11条规定："政府采购的信息应当在政府采购监督管理部门指定的媒体上及时向社会公开发布，但涉及商业秘密的除外。"《政府采购信息公告管理办法》第4条规定："政府采购信息公告应当遵循信息发布及时、内容规范统一、渠道相对集中、便于获得查找的原则"。

电子采购平台成为有效的监管工具。针对协议供货商品质次价高的现象，部分地区依托电子化手段进行价格监测，如深圳、上海等地的商城直供、电子集市等，电子化平台已经成为政府采购重要的监管工具；上海、深圳、浙江等地积极探索网上竞价、电子反拍、电子集市等新型采购模式。

（二）当前电子化采购存在的主要问题与原因

虽然近年我国政府采购信息化水平不断提高，但与发达国家相比依然存在一定差距，电子化政府采购无论在广度上、还是在深度上都还有待进一步深入和加强，突出表现在以下方面。

1. 政府采购电子化制度体系有待完善，法律法规尚不健全

我国至今未出台一部指导政府采购电子化的相关法律、法规，《政府采购法》并未涉及政府采购电子化与信息化建设的相关内容，也没有颁布相关政府采购电子化系统建设应用方面的国家标准。个别涉及政府采购电子化的法规也存在相对滞后、操作性差等问题，难以适应新时期政府采购实际操作的需要。此外，电子支付工具的法律效力问题始终是困扰信息化应用推广的一大难题，虽然网上银行、信用卡支付已经比较普遍，其法律效力也得到充分认可，但电子支票和电子现金，受我国《票据法》的条款制约，其法律地位难以得到确认，应用也极为有限。

2. 采购执行交易环节电子化相对滞后，管理、交易、支付环节衔接不足

第一，当前电子采购平台功能以信息发布为主，执行交易等核心环节的电子化相对滞后。当前，仅有少数省市如上海、深圳、浙江实现了监督管理、执行交易环节电子化，多数地区的电子化采购还停留在信息发布阶段，电子化平台的功能有待完善，难以发挥电子化采购在监督管理、业务操作方面的优势。许多省市存在政府管理系统与交易系统不统一，集中采购与分散采购的交易平台不统一的问题，以及管理和交易执行环节脱节等问题普遍存在。

课题组针对全国 11 个省市的抽样调查显示，目前各地政府采购活动中，已经在网上进行的有政策和法规发布、采购机会信息发布、采购结果发布、专家抽取及管理、政府采购信息统计。而合同管理、资金支付、投诉举报、评标和反拍卖则很少在网上进行，如图 5.1 所示。

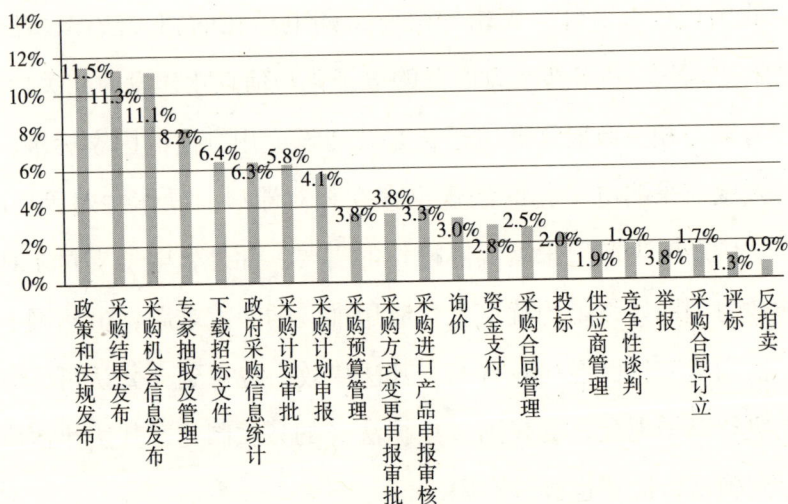

图 5.1　已经实现电子化的采购环节调查

第二，电子化采购系统内部功能有限的问题与系统之间重复建设的矛盾并存，是降低电子平台使用满意度的重要原因。问卷调查显示，采购人对电子化采购系统的满意度高于监督管理部门和集中采购机构，48% 的采购人认为本地区现有电子化采购系统"功能较全，符合需要"，42.5% 的监督管理部门、33.3% 的集中采购机构认为"现有电子化采购系统功能不全，但现有功能使用充分"。对于电子化采购系统满意度较低的原因，监督管理部门和集中采购机构都认为主要的症结在于系统重复建设（32.1%的监督管理部门、30%的集中采购机构）、系统功能有限（25.9%的监督管理部门、13.3%的集中采购机构）、程序繁琐（16%的监督管理部门、43.3%的集中采购机构）。

3. 电子采购平台标准化建设进程缓慢，制约全国统一采购市场形成

电子采购平台缺乏全国统一的流程、建设标准与规范细则，信息孤岛和技术壁垒分割市场。虽然绝大多数省、市都建立了本地政府采购电子平台，但各地信息化建设标准差异大，电子认证标准规范不统一，各部门、各地区之间的各种系统兼容性差，各个地区与中央及其他地方系统衔接的标准还不明确，难以实现互通互认；价格库、专家库、供应商库等资源共享滞后，技术壁垒分割市场，制约了政府采购全国统一市场的形成。

课题组问卷调查结果显示，电子化采购平台重复建设、系统功能有限、当事人（采购人、供应商）不愿意使用和当事人缺乏培训是主要问题；其中集中采购机构认为程序繁琐是电子化采购平台最主要的问题，但是监管机构选择的比例相对较低。

4. 政府采购信息公开透明度低

政府采购信息的主动公开避重就轻问题比较突出。《2013年法治蓝皮书》数据显示，2012年26个省、直辖市中，仅有2个省在其政府采购网站上主动公开了协议供货有效成交记录，中央部委、

个别省和直辖市的协议供货成交公告均不提供或不同时提供采购的商品型号、具体配置和对应单价等关键信息，无法据此对协议供货价格的合理性进行判断；部分中标公告只公布商品型号和配置、总中标金额，却不公布采购数量和单价；部分地区以采购特供商品为由，不提供商品的配置和品级。

5. 配套机制尚不完备，缺乏有效的风险防范机制

第一，由于政府采购周期较长、电子化采购平台与外部市场分割等原因，电子化采购对于市场价格变动的反应相对较慢，电子平台成交价格高于市场价格的现象较为普遍，尚未形成完备的应对机制。根据调研情况，上海、深圳等地通过电子集市①、商城直供的方式，引入电商参与政府采购活动，取得了良好的成效，但在全国层面尚未形成有效的价格控制监测机制。

第二，我国电子化采购仍处于探索阶段，对于电子化背景下的资格审批与材料审核、电子商务对接、网络安全等问题尚未形成成熟的应对机制。电子化采购数据搜集与决策支持效应弱化，在价格评估、分析预测、监测预警、政策分析等方面的作用没有得到充分发挥，弱化了政府采购为财政宏观经济提供决策依据的功能。

（三）推动政府采购电子化的政策建议

以"全覆盖、全流程、全上网、全透明"为发展目标，以电子

---

① 上海从 2007 年开始推进"电子集市"建设，推动政府采购市场与外部电子商务市场对接，通过将计算机、打印机等规格标准统一、现货货源充足、采购次数频繁的办公产品通过统一招标纳入"电子集市"，采购人根据需求，通过在线议价、反拍和团购等方式，直接在电子集市中进行交易，并由监管部门通过自动预警和监控等模块，实行实时监控。2012 年电子集市交易额约 16.2 亿元，至 2013 年 6 月底已包括 29 类协议采购产品，511 个品牌 7212 个产品。

化采购的规范化、标准化为基本思路，适应"制度加科技"的管理
要求，推动电子化采购的规范化、标准化，推动电子化采购方式由
政府采购的辅助工具向核心载体转变。

1. 尽快修订和完善相关法律法规，完善电子化政府采购制
度设计，推动政府采购电子化由"无法可依"向"有法可依"
转变

第一，建立系统全面的政府电子采购法律制度和规范可行的操
作程序。构建有效的法律环境是推动我国政府采购电子化进程的基
础条件，在借鉴国外发达国家政府电子采购制度的基础上，结合我
国近几年来政府采购过程中出现的法律漏洞及电子采购所需要的制
度环境，为政府电子化采购的立法构建有效的法律环境。课题组对
全国 11 个省市的问卷调查显示，47.8% 的监管部门和 42.9% 的集
中采购机构认为全国范围的电子化采购法规应该是"在政府采购法
实施条例中对电子化政府采购作出规定"，28.7% 的监管部门和
32.7% 的集中采购机构认为应"修改《中华人民共和国政府采购
法》，明确电子化政府采购方式的有关规定"；选择"财政部以部
长令形式颁布管理办法"和"财政部印发指导性意见"的相对较
少，因此，必须尽快建立对于电子化采购的全方位统筹机制，加强
前瞻性制度设计。

第二，鼓励各地方在不违背国家电子采购法律法规的前提下，
根据本地区情况制定、发布地方性电子化采购制度和规范。如制定
出台推行电子化政府采购实施细则、政府采购电子网络管理办法、
政府采购网上统计管理办法、政府采购网上招投标管理办法等，使

集中采购代理机构、采购人、供应商等参与电子化政府采购有章可循。

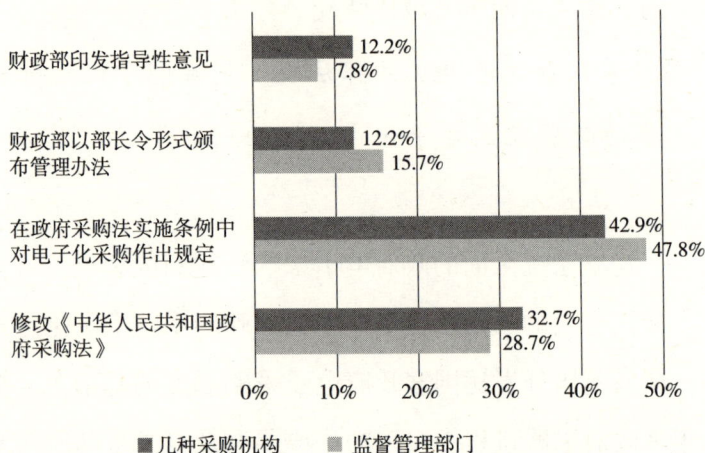

图 5.2　政府采购电子化政策制定的倾向性调查

2. 加快推动执行交易等核心环节电子化，推动政府采购电子化由"有限覆盖"向"全流程、全覆盖"转变

第一，加快交易执行环节电子化，保证从采购指标分配、计划申报、任务下达、采购执行、合同支付、资金结余全流程的管理。针对各采购主体需要，提供全流程电子化操作功能。采购人层面，重点完善网上竞价、实时比价功能；采购机构层面，重点完善项目管理与电子化评审功能；供应商层面，重点完善异地注册、全国参与采购活动功能；评审专家层面，重点完善电子评标与跨区域评标功能。

第二，加快监督管理环节电子化，促进监督考核过程公开透明。保证电子化平台对预算下达、过程执行、合同履约等环节的事前、事中、事后全方位监管。尽快实现采购任务通过电子化方式下达、采购合同通过电子化网络备案、五种采购方式通过电子化网上操作、用户网上操作监控的全覆盖。参考深圳、上海等地电子化平台建设经验，采取商城直供、电子集市、网上竞价、电子反拍、价格监测等新方式，依托电子化手段进行价格监测，发挥电子化采购平台对于价格评估、分析预测、监测预警方面的动态监管作用。

第三，逐步实现电子化采购系统与预算、国库支付系统的高效衔接和规范管理。电子化政府采购管理应用系统既要满足财政资金支付的安全，又要满足政府采购交易全流程操作，还要满足政府采购各节点的监管，从而实现财政支付职能和政府采购交易职能的同步，推动电子化政府采购系统与预算、国库支付系统的高效衔接和规范管理，保证资金安全。"金财工程"规划中明确提出要以网络化和电子商务的先进技术手段支持政府采购业务流程，并实现与预算管理中的政府采购预算、国库支付中的采购订单相联结，与固定资产管理等系统实现数据共享。加快电子化政府采购系统与"金财工程"系统的对接融合，统筹考虑与部门预算、国库集中支付、资产管理等系统的衔接，实现预算、计划、采购、支付、资产管理等各环节全流程贯通。

3. 加快建设全国政府采购管理交易平台，避免技术壁垒分割市场，推动政府采购电子化由"分散建设"向"规范建设"转变

第一，加快推进电子化采购平台建设标准化、规范化，实现中央与地方、地方与地方电子化采购平台协调统筹。根据发达国家电子化采购平台建设经验，虽然目前各国政府应用信息化手段服务政

府采购的建设模式有所不同，但大都遵循统一和集中的原则。我国应建设全国统一的电子化政府采购管理交易平台，建立便于中央与地方各级之间协调对接，便于采购人、供应商、监管部门及采购代理机构等有关方面高效分析利用的统一的政府采购管理交易平台，促进全国政府采购市场的统一和规范。

第二，尽快实现供应商数据库、商品类别及价格数据库、评审专家数据库、采购人数据库等基础数据共享。按照《全国政府采购管理交易系统建设总体规划》、《政府采购业务基础数据规范》等规划要求，加快建设政府采购相关数据库，如法律法规、专家库、商品库、市场信息库、供应商库、合同管理数据库等，通过统一管理，实现数据信息的共享。

4. 加大采购信息公开力度，促进网上"阳光采购"，推动政府采购电子化由"信息被动公开"向"完全阳光透明"转变

随着政府采购制度改革的不断深化，社会舆论对政府采购信息公开化、透明化的要求不断提高。实现采购机构与供应商乃至纳税人之间的信息资源共享，打造真正的"阳光采购"。强制性公开政府采购项目的预算情况、采购过程、采购结果及采购合同，确保各项信息及时、完整、规范披露，降低监督成本，提升监督效果。

5. 完善电子化采购风险防范机制

第一，加大电子化采购价格监测力度。加强电子采购平台供货产品的价格监测工作，引入独立的第三方评估机构定期对电子采购平台产品进行监测评估，保障电子化采购产品质量和价格。

第二，提高安全保障和技术支撑能力，保障政府采购信息安

全。推动完善政府采购电子支付业务规则、技术标准，加强电子合同、电子签名的法律效力，开发政府采购电子化专用统一的认证系统（CA），建立电子合同认定系统，推广使用现代电子合同相关科技，比如数字化印章、公章、电子文件加密保护协议等。

执笔：杨晓东　刘如菲

专题六
我国政府采购发挥政策功能的制度要求

政府采购除了"满足政务需求"的基本目标外，还可以通过采购政策来实现其他非固有目标。发达国家政府采购制度体系普遍强调发挥政策功能。我国自《政府采购法》实施以来陆续制定了一系列采购政策，支持节能环保、中小企业及企业技术创新等，政策功能成效初步显现，但仍然存在政策落实难和无据可依等诸多问题，其根源在于我国政府采购法律法规、制度及政策的不完善。要更加有效地发挥政策功能，需从政府采购的制度根源出发，明确政策导向，确立"绩效最优"的采购原则，实现从重程序向重合同和重结果的转变，并围绕支持节能环保、扶持中小企业和支持企业技术创新三个重点制定与完善相应的采购政策体系，严格操作程序和规则，稳步推进，逐步扩大。

一、政府采购应该发挥政策功能

（一）政府采购具有公共性和政策性

政府采购的基本目标是强化政府支出管理，节约财政支出，提高资金使用效率，能够从市场高效地采购到满足政府日常政务需要的货物、工程和服务，这与私人采购没有本质差异。但是，政府在购买到合乎质量要求的产品和服务的同时，采购活动本身还具有调节经济运行、维护社会公正、保护环境等方面的能力。也就是说，政府采购在保障基本目标实现的前提下，还可以通过执行采购政策来实现其他一些目标。这就是政府采购的政策功能，包括支持科技创新、扶持中小企业发展、推广节能环保等。可见，政府采购的基本功能是采购活动本身所固有的，而政策功能则是在完成了政府采购的基本功能之后，人们发现还可以通过实施相应的采购政策，进一步发挥政府采购非固有功能的结果。

从政府对采购活动的要求来讲，支持创新、保护环境、扶持中小企业等并不是政府对采购的基本要求，而是政策要求，这是由政府采购的公共性所决定的。政府采购不同于私人采购，私人采购的资金私人所有，采购过程中可以依据自身需要自主决定采购对象，无须考虑采购活动对经济社会的影响，而政府采购使用的是公共资金，除了追求资金效益、预防腐败外，采购活动还需要兼顾实现相应的经济目标和社会目标。从国家治理的角度来看，政府采购是国家财政支出管理的重要组成部分，也是市场经济条件下政府履行职能的重要宏观调控工具，本质上要求政府采购显性或隐性地体现政府意志和政策导向。此外，从政府与市场的关系来看，政府采购体现政府意志、实现政策目标与市场化运作并不矛盾，政策功能的发挥必须以市场为基础，必须坚持公平、公正、公开、透明的原则。

（二）发达国家普遍重视政府采购的政策功能

发达国家政府采购制度体系普遍强调发挥政策功能，许多国家都将政府采购作为支持科技创新、引导社会节能环保、扶持弱势群体、维护社会公平的重要工具，尤其是给处于弱势地位的中小企业、少数民族企业、残疾人企业、妇女企业等更多关注，使其能够分享参与政府采购活动带来的利润，保障社会整体效益的改善。

欧盟 2004 年发布的公共采购指令不仅要求公共采购发挥政策功能，也为成员国留下了实施采购政策的空间，各成员国均将政府采购作为实现政府经济和社会政策目标的重要工具，在绿色采购、支持创新和支持中小企业发展等方面广泛发挥作用，如对于绿色采购，欧盟指令要求体现在公共采购合同从标的形成到招投标操作再到合同签订和履行的全部过程中，目前欧盟大部分国家的绿色采购额已占到本国公共采购总额的 50% 以上；再比如对中小企业的扶持，欧盟指令强调为中小企业参与政府采购活动并获得合同提供各种便利，据统计，2006～2008 年间欧盟公共采购中标数量中，中小企业占 58%～61%；在中标的金额中，中小企业比重为 31%～38%。2008 年欧盟还专门通过《欧盟促进中小企业参与政府采购法典》，进一步要求分解政府采购合同、鼓励中小企业组成联合体投标、大企业获得大规模合同后实施分包等方式，为中小企业提供一个更加开放的公共采购市场。

美国一直将政府采购作为实现经济社会政策目标的重要工具，从 1933 年颁布《购买美国产品法》，到 20 世纪六七十年代硅谷的兴起，再到后来大力加强对中小企业的扶持和对绿色采购的倡导与推行，无不体现政府采购在治理国家、调控经济、支持创新、引导消费等方面发挥的重要作用。如美国政府对新技术、新产品的首购，特别是来自国防部的政府采购合同，为硅谷的兴起提供了原动力，开启了信息技术巨大的需求市场，也激发了私人投资科技创新的积极性。再如美国利用政府采购扶持中小企业的政策非常翔实，不仅有对一般性中小企业的支持措施，包括采购预留、合同分包等，还特别对退伍军人、伤残军人、妇女等所办小企业有采购份额目标要求。

（三）相关国际规则支持政府采购的公共政策职能

世界贸易组织《政府采购协议》（GPA）等国际法也都有相应条款支持一国的政府采购发挥政策功能。如 GPA 通过例外条款允许成员国或地区在特定领域免除开放义务，GPA 本身规定了一些涉及国家安全、秘密等项目的例外领域，此外还可以通过谈判确定协议适用例外。联合国《货物、工程和服务采购示范法》制定于 1994 年，随着全球政府采购新手段和新形势的出现，2004 年开始启动修改，并于 2011 年 7 月 8 日经联合国国际贸易法委员会第 44 届会议审议通过修订，并改名为《公共采购示范法》。此次修订主要涉及两个方面的内容：第一是允许利用电子逆向拍卖和框架协议等现代商业方法；第二是对政府采购的功能重新定位，从以前促进国际贸易向更加注重各个国家对政府采购的需要转变，确认了很多国家将政府采购作为执行国内公共政策工具的事实。

《公共采购示范法》第二条新增加了"社会经济政策"一款，并将"社会经济政策"界定为"本国采购条例或其他法律规定允许或要求采购涉及的程序中考虑到的本国社会、经济、环境政策"。《公共采购示范法》在经济社会政策方面的这一重大变化，说明它开始从主要促进国际贸易逐步走向为各国或地区内部的一般性政府采购立法和制度构建提供范本，明确了对于一个国家尤其是发展中国家而言，政府采购不仅仅是履行市场的管理监督职能，还要承担提供公共服务和执行公共政策的职能，比如扶持中小企业、绿色环保、支持技术创新等，也显示了联合国国际贸易法委员会对于各成员实际做法的包容性。

（四）我国也越来越重视发挥政府采购的政策功能

发挥政府采购的政策功能，是我国《政府采购法》赋予政府采购制度的重要任务之一。现行《政府采购法》第九条规定"政府采购应当有助于实现国家的经济和社会发展政策目标，包括保护环境，扶持不发达地区和少数民族地区，促进中小企业发展等"。在我国的《中小企业法》、《科技进步法》、《环境保护法修正案（草案）》都提到了要发挥政府采购在其中的作用。2009 年《国务院办公厅关于进一步加强政府采购管理工作的意见》（国办发〔2009〕35 号）专门提出要"坚持政策功能，进一步服务好经济和社会发展大局"，认为"政府采购应当有助于实现国家的经济和社会发展政策目标"，"各地区、各部门要从政府采购政策功能上支持国家宏观调控，贯彻好扩大内需、调整结构等经济政策，认真落实节能环保、自主创新、进口产品审核等政府采购政策；进一步扩大政府采购政策功能范围，积极研究支持促进中小企业发展等政府采购政策。"

我国经济社会发展已进入了新的阶段，创新驱动、生态文明、公平正义等成为重要的时代特征。政府采购作为经济社会治理的重要手段，其目标已不再仅限于基于市场的一般商业性功能，如节约支出、促进廉政、公平分配订单等，应当更多地直接体现我国经济社会发展的要求，把保护中小企业、推动节能环保、促进技术创新等作为主要目标。事实上，我国在支持节能环保和中小企业方面已有相应的政策，也取得了一定成就。

二、我国政府采购发挥政策功能已取得一定成就

（一）制定了一系列发挥政策功能的采购政策

1. 建立了节能环保产品的优先采购和强制采购制度

2004 年，财政部会同国家发展改革委制定《节能产品政府采购实施意见》（财库〔2004〕185 号），并发布了节能产品政府采购清单。2007 年，国务院办公厅印发《关于建立政府强制采购节能产品制度的通知》（国办发〔2007〕51 号），建立起了政府强制采购节能产品制度。截至 2013 年 12 月底，我国已经公布了 14 期节能产品政府采购清单。

2005 年国务院发布《关于加快发展循环经济的若干意见》国发〔2005〕22 号，首次提出政府机构要实现绿色采购，明确了政府采购环保产品的政策导向。2006 年，财政部会同原国家环保总局制定《关于环境标志产品政府采购实施的意见》（财库〔2006〕190 号），并发布了环境标志产品政府采购清单，要求在性能、技术、服务等指标同等条件下，优先采购环境标志产品清单中的产品，确立了节能环保产品的优先采购制度。2007 年 1 月起首先在中央和省级（含计划单列市）预算单位实行，2008 年 1 月起全国推广。截至 2013 年 12 月底，我国已经公布了 12 期环境标志产品政府采购清单。

2. 确立了政府采购支持中小企业的政策制度

我国 2003 年实施的《中小企业法》第三十四条规定"政府采购应当优先安排向中小企业购买商品或服务"。2011 年底，财政部、工信部联合发布了《政府采购促进中小企业发展暂行办法》（财库〔2011〕181 号），该办法是我国政府采购支持中小企业发展的纲领性文件。核心内容包括：一是实施对中小企业的政府采购预留制度，即预留年度政府采购项目预算总额的 30% 以上给中小企业，其中预留给小型和微型企业的比例不低于 60%。二是对中小企业参与其他政府采购项目竞标给予 6% ～ 10% 的价格扣除。此外，还有一些鼓励性措施，如鼓励大企业获得政府采购合同后分包给中小企业；鼓励采购人在履约保证金、付款期限、付款方式等方面给予中小企业适当支持；鼓励为中小企业在融资、投标保证、履约保证等方面提供专业化的担保服务。各省市依照《政府采购促进中小企业发展暂行办法》也都因地制宜地推出了适用于本地区的具体执行措施，构成了我国政府采购支持中小企业发展的政策体系。

此外，为解决中小企业融资难的问题，财政部还在 2011 年下发了《关于开展政府采购信用担保试点工作的通知》，将信用担保作为政策工具引入政府采购领域，帮助中小企业扩大融资渠道，增加参与政府采购的机会。各省市依照该通知，也都制定了具体的实施办法，使得中小企业能够利用政府采购合同获得信贷，大大提升了中小企业履行合同的能力。

3. 企业技术创新支持政策经历了由立到废的过程

利用政府采购支持企业创新是我国全社会的一个共识。"十二五"规划及《国家科技中长期发展规划》都把政府采购作为提高自主创新能力、实现国民经济增长方式转变的重要政策手段。2005年《国家中长期科学和技术发展规划纲要（2006－2020年）》首次提出"实施促进自主创新的政府采购制度"，2007 年修订后的《科技进步法》首次以法律的形式明确了自主创新产品政府采购制度。

2006 年，科技部、国家发展改革委和财政部联合发布了《国家自主创新产品认定管理办法（试行）》，规定经认定的国家自主创新产品将在政府采购、国家重大工程采购等财政性资金采购中优先购买。2007 年，财政部先后发布了《自主创新产品政府采购预算管理办法》（财库〔2007〕129 号）、《自主创新产品政府采购评审办法》（财库〔2007〕30 号）、《自主创新产品政府采购合同管理办法》（财库〔2007〕31 号）、《自主创新产品政府首购和订购管理办法》（财库〔2007〕120 号）、《政府采购进口产品管理办法》（财库〔2007〕119 号）5 个配套办法，基本形成了我国政府采购支持企业创新的政策体系。此后，由于欧美一些国家的反对，2011 年 6 月起我国停止执行《自主创新产品政府采购预算管理办法》、《自主创新产品政府采购评审办法》、《自主创新产品政府采购合同管理办法》等三个文件。

（二）政策功能成效初步显现

自 2004 年开始推进节能产品采购以来，我国政府采购的政策功能不断拓展，从最初支持节能环保、信息安全等逐步向支持企业技术创新、促进中小企业发展等领域迈进，成效也已初步显现。目前，节能环保产品在政府采购的同类产品中已占绝大部分，且比例还在不断提高，范围也在不断扩展，中小企业参与政府采购得到了各地多种措施的支持。

1. 节能环保产品已成为政府采购同类产品的主体

通过不断完善和落实节能产品强制采购、环保产品优先采购制度，政府采购对节能环保的示范和引领作用得到了较好的发挥。首先，我国纳入节能环保采购的产品越来越多。截至 2012 年底，我国节能产品清单已有 54 种产品、5.8 万个型号/系列，环境标志产品清单已有 83 种产品、近 3.8 万个型号/系列。

其次，节能环保产品已成为同类产品采购的主体，年采购规模和占同类产品的比重快速提高。2012 年全国节能、节水产品政府采购规模达 1281 亿元，环保产品采购规模达 940 亿元，分别占同类产品的 84.6% 和 68.3%。一些地方政府采购的节能环保产品在同类产品中的比重甚至高达90%以上，如山东省2012年节能、环保产品采购规模分别为92亿元和73亿元，各占同类产品采购总额的92.3%和82.2%；河北全省全年采购节能节水产品95亿元，占同类产品全部采购额的95.6%，省级采购节能和环保产品46亿元，占同类产品全部采购额的89.1%。

2. 中小企业在政府采购中得到了多元支持

首先，全国各地都积极落实和创新中小企业30%的政府采购预留制度。很多省市都推出了非常具体的支持措施，如浙江省要求预算金额不超过300万元的项目应专门面向中小企业采购，预算金额在50万元以下的省级项目，"定向"中小企业采购；福建省要求预算金额不超过100万元的小额、零星政府采购项目面向中小企业采购。

其次，对参与政府采购的中小企业给予融资支持。财政部2011年下发《关于开展政府采购信用担保试点工作的通知》，决定在中央本级和全国8个省（市）实行政府采购信用担保工作，即由专业担保机构为中小企业供应商提供信贷保证。随后一些非试点省也加入进来，目前已在全国绝大部分地区推开。如湖南省早在2010年就与5家银行签订合作协议，为政府采购中标中小企业提供以中标通知书和合同为信用抵押凭据的贷款（授信）服务，2011年和2012年实现合同贷款分别为1.15亿元、1.8亿元。浙江省从2012年开始试点政府采购支持中小企业信用融资，中小企业供应商以政府采购合同为基础，可以向试点银行申请优惠利率的政府采购信用融资。截至2013年3月底，浙江省已有超过百家中小企业与试点银行达成合作意向，累计授信额度 2.88 亿元，实际放款 1.18 亿元。

此外，各地还通过供应商网上报名和资格预审，免收或减半收取招标文件工本费，免交或少交投标保证金，加快中标货款支付进度等方式，支持中小企业供应商参与政府采购。如福建省在 2012 年 7 月发布的《关于进一步落实政府采购促进中小企业发展的实施意见》提出运用多种方式对中小企业参与政府采购减免费用、减轻负担：一是降低投标保证金比例，对专门面向中小企业采购的项目，投标保证金减半；中小企业参与网上竞价采购项目的，汽车品目投标保证金不超过 1 万元，其他品目不超过 5000 元。二是降低中小企业履约保证金比例，不得超过合同总金额的 5%。三是加快中标货款支付进度，对合同额超过 100 万元的采购项目，采购单位必须在合同签订后的 10 个工作日内支付一定比例的首付款，在中标货物交货并验收合格后 10 个工作日内支付全部货款。四是专门面向中小企业采购的项目，免收采购文件工本费。

三、我国政府采购发挥政策功能存在的问题及其原因

（一）我国政府采购发挥政策功能存在的主要问题

1. 节能环保采购范围窄，清单制缺陷多

目前"环境标志产品政府采购清单"只是作为一种指导性意见而不是强制性规范，它规定政府采购属于环保产品清单中的产品

时，在"性能、服务、技术、报价"等指标同等条件下，应当优先采购环保产品清单所列的产品。但是，由于只是"同等条件下""优先采购"，而且环保标志产品价格一般比非环保产品价格要高得多，因此政策可操作性并不强，在实际采购中很容易被规避。

节能环保产品标准混乱，覆盖范围窄，实际采购金额比重低。尽管目前各地采购的节能环保产品在同类产品中的比重比较高，但节能环保清单所涉及的产品仅占政府采购数量的2%左右，主要集中在电子产品、汽车、能源应用、办公家具等领域。在全部政府采购总金额中的比重也不高，2012年，全国政府采购节能环保产品总计2221亿元，在总规模中的比重仅有15.9%。以清单制的方式实现政策功能也存在很多缺陷，清单制不可能包含所有符合条件的产品，也不利于政府采购的公平竞争。

问卷调查结果显示，73.9%的受调查机构认为"国家优先采购政策约束力不强，缺乏配套措施"是政府采购节能环保产品的最大障碍，其中有45.3%的受调查机构认为这是首要障碍。此外，有60.6%和52.7%的受调查机构认为最大障碍是"节能环保产品标准混乱、评标困难"和"公开招标方式（最低评标价法）不利于节能环保产品"采购。28.4%的受调查机构认为"环保节能产品价格较高，预算不支持"是首要障碍，仅次于"国家优先采购政策约束力不强，缺乏配套措施"这一选项。

2. 中小企业支持政策缺少细则，实际落实难

中小企业在投标能力、履约能力以及融资能力等方面均处于劣势，政府采购市场竞争的规则公平并不能改变中小企业在竞争中的

不利地位，有限的优先权也会因采购人和采购代理机构对风险的权衡而难以保障，而只有强制性、可操作的措施才能落到实处。问卷调查结果显示，74.0%的受调查机构认为"中小企业产品质量、后期服务等无法保障"是中小企业参与政府采购最主要的障碍。我国现在以强制预留为核心给予中小企业支持，走出了坚实一步，但在实际执行中仍存在政策粗糙、落实难的问题。

第一，对中小企业的预留支持缺乏精细化的措施。按照现行的中小企业预留政策，有30%的政府采购金额预留给中小企业，但究竟给哪些类型的中小企业并没有具体规定，地方上也没有对此细化。另一方面，尽管《政府采购促进中小企业发展暂行办法》明确规定"不包括使用大型企业注册商标的货物"，即提供大企业产品的中小贸易企业不在支持范围，但实际执行中这一条很难被贯彻，这就造成了统计上对中小企业支持的大幅"虚高"，很多省市都表明每年授予中小企业的合同金额在总规模中的比重已达到70%以上，但其中有很大一部分是贸易类中小企业，这就使得预留政策的效果大打折扣。问卷调查结果也显示，68.0%的受调查机构认为"对中小企业的支持缺乏可操作的配套措施"是中小企业参与政府采购的最主要障碍。

第二，鼓励性政策及价格扣除政策难以真正落实。《政府采购促进中小企业发展暂行办法》还规定了其他几项鼓励性政策，如"鼓励采购人允许获得政府采购合同的大型企业依法向中小企业分包"，但事实上由于没有规定具体的操作规程，包括由谁来确定是否需要分包、向哪些类型的中小企业分包、谁来监督分包计划等，而且由于只是自愿政策，因此各地到目前为止基本都没有执行过分包合同。对中小企业的价格扣除政策也会由于采购人或采购代理机构"唯品牌化"、"怕担责任"的心态而形同虚设。

　　第三，对中小企业的政府采购支持变相成为了地方保护手段。《政府采购法》第五条规定，"任何单位和个人不得采用任何方式，阻挠和限制供应商自由进入本地区和本行业的政府采购市场"，财政部《政府采购促进中小企业发展暂行办法》同样也指明了不得有地区歧视。但在具体执行中，一些地区把对中小企业的政府采购预留变相作为了地方保护手段，一些地区甚至明文规定政府采购预留只给本地区中小企业，如福建省《关于进一步落实政府采购促进中小企业发展的实施意见》中，提到"专门面向本省中小企业采购的项目，免收中小企业采购文件（含招标、谈判、询价文件）工本费"；武汉市2012年8月出台的《武汉市人民政府关于支持工业经济稳增长调结构促发展的若干意见》中，有一条是"政府采购项目年度预算总额30%以上的份额专门面向本市中小企业采购"。一些地区尽管没有明文规定，但在实际执行中却存在向本地中小企业倾斜的做法。

　　此外，政府采购信息不透明、公开不及时，企业自身缺乏招投标知识，投标准备时间过短、成本过高，资质要求、财务担保要求等也都是当前我国中小企业参与政府采购所存在的问题。

　　3. 支持技术创新处于无政策可依的尴尬境地

　　我国之前确立的政府采购支持企业技术创新政策体系的核心是由科技部门认定自主创新产品目录。这一目录认定工作受到了欧美国家的反对。根据认定标准，国家自主创新产品必须"含有在中国开发并由中国所有的知识产权，而且相关商标的初始注册地应为中国境内"。这就意味着，我国以国内知识产权作为市场准入条件，外国企业要满足这一条件，只有在我国建立品牌，并将新产品的研发基地设在中国。从各省市 2009 年后相继出台的地方性自主创新产品采购目录也能反映出这一情况，这些目录中几乎没有外资品牌，如上海 2009 年底公布的包含 530 个产品的清单中，仅有两个产品是中方控股的外资企业生产。

以美国为首的外国企业担心被排除在我国巨大的政府采购市场之外，在多种场合通过多种渠道批评我国自主创新政策使外资企业在政府采购中遭受不公正待遇。欧美国家政府也频频向我国施压，反对我国以产品目录的形式支持自主创新。2010 年 12 月，在美国华盛顿举行的中美商业贸易联合委员会会议上，我国承诺不把尖端技术的开发地点或归属地点作为政府采购条件。2011 年 1 月，我国进一步作出了"实现自主创新政策与政府采购政策脱钩"的承诺。2011 年 7 月起我国开始停止执行财政部颁发的前三个文件，各地随后也废止了地方性自主创新产品目录。至此，我国政府采购支持企业创新基本处于无政策可依的尴尬境地，一方面，建设创新型国家与推动科技进步，都要求利用政府采购支持企业技术创新；另一方面，各地在实际执行中均表示无所适从，无据可依，迫切需要有一个指导性意见。问卷调查结果显示，87.5% 的受调查机构认为政府采购支持国内创新存在的最主要障碍是"政府采购制度体系对支持创新的导向不足"，其中 66.5% 的受调查机构认为这也是首要障碍；72.7% 的受调查机构还认为"政采制度注重采购程序而非合同管理，使得创新产品参与难"也是最主要的障碍。

（二）阻碍我国政府采购发挥政策功能的根源

阻碍我国政府采购发挥政策功能最主要的根源在于法律法规、制度及政策的不完善。问卷调查结果显示，接近27%的受调查机构认为"缺乏具体的政策措施"是政府采购发挥政策功能的主要障碍，23.0%的受调查机构认为是"政府采购制度体系对发挥政策功能的引导性不够"，两者相加超过一半。另外，17.7%的受调查机构认为"具体由哪个部门来承担政策功能的责任不明确"是主要障碍，16.3%的受调查机构选择了"实际操作中过度依赖公开招标的采购方式不利于政策功能"，15.9%选择了"对采购机构的评价缺乏发挥政策功能的导向"。具体来说，有以下几个方面。

1. 我国现行政府采购制度体系缺乏对政策功能的必要体现

我国政府采购制度体系的主体思想是如何在市场经济条件下规范政府的购买行为，强调以采购程序来保障公平竞争，这与联合国原《货物、工程和服务采购示范法》的主体思想一致，也与我国治理腐败、规范和节约支出的初衷相一致。但整个制度体系缺乏对政府意志或政策功能的必要体现，尽管《政府采购法》第九条专门提到"政府采购应当有助于实现国家的经济和社会发展政策目标"，相关部门也陆续出台了政府采购支持节能环保、中小企业、创新等目标的制度，但具体的指导思想、采购方式和实践手段等均难以支撑这些政策目标，如"最低报价中标"原则就极大地限制了政策功能的实现，很多评审专家也根本不知道政府采购的政策目标要求。

2. 缺乏相关翔实的配套措施

我国《政府采购法》第九条规定政府采购应有助于"保护环

境，扶持不发达地区和少数民族地区，促进中小企业发展等"，但没有规定如何执行，致使公共政策职能关注不够。在《政府采购法》实施以后，我国逐步开始以国务院通知、部门规章等形式确定具体的配套办法，包括节能产品强制采购制度、环保产品优先采购制度、中小企业预留制度等，使得《政府采购法》的原则性规定得到了落实。但目前仍存在很多空白，比如2007年颁行的《残疾人就业条例》中也对政府采购做了提倡性的规定，第18条第2款规定，"政府采购，在同等条件下，应当优先购买集中使用残疾人的用人单位的产品或者服务。"但目前尚未有政府采购支持残疾人企业的具体办法；《政府采购法》规定的"扶持不发达地区和少数民族地区"，也无具体实施办法。此外，即使已经实施的相关配套措施，同样也存在规定过于原则，操作性不强的问题，如《政府采购促进中小企业发展暂行办法》鼓励大企业向中小企业分包政府采购合同，但并没有规定如何实施。

3. 采购单位没有自主支持政策功能的动力

无论是《政府采购法》还是政府监管、社会舆论，都把财政资金的节约使用放在首要位置，采购价格高容易受舆论诟病，因此作为一个理性的"经济人"，采购单位总是会将"价格低廉"作为第一目标，而在没有建立公开透明、客观公正评价机制的情况下，采购单位不会牺牲自身的部分利益去达到国家的经济社会目标。此外，采购单位仅仅是财政资金的使用者，并不担负经济社会调节的任务，即使采购单位愿意利用本单位的政府采购实现国家的经济调节目标，但如果没有具体的规则和措施，它一样会"不知所措"。

另一方面，如果没有严格程序规则的约束，社会经济目标又会成为政府采购中权力寻租的理想借口，滋生各类腐败行为，损害采购公平原则。可见，政府采购的政策功能并不能够自主地发挥，需要有具体的采购政策加以引导，也需要有相应的程序规则加以监督。

4. 地方政府利用政府采购发挥政策功能容易走向地方保护

目前我国政府采购规模主要集中在市县一级，中央层面占比不到7%，省、直辖市、自治区一级约占 13%，而市、县则各占40%。由于地方政府负有地方经济增长、社会治理等责任，利用政府采购发挥政策功能很容易成为地方保护的手段。事实上，在各地利用政府采购支持企业自主创新和支持中小企业的实践中确实也都存在地方保护的问题，如很多地方认定的自主创新产品目录主要集中在本地企业生产的产品，对中小企业的政府采购预留只面向本地的中小企业，把外地中小企业排除在外。

四、欧美国家政府采购发挥政策功能的具体做法

（一）美国

1. 绿色采购的主要做法

美国是绿色采购推广较早的国家之一，其很多做法具有先进性和典型性。美国政府绿色采购不仅具有系统的法律和制度基础，而且在实践中还通过各种绿色采购计划制定了翔实的绿色采购标准，并创新绿色采购方法，使得政府绿色采购能够扎实地推进。

（1）系统的法律和制度保障

美国绿色采购法律和制度体系分四个层次：一是法律法规，如1976年《资源保护与回收法》、1990年《污染防治法》、2005年《能源政策法》等，这些法律尽管没有直接体现政府采购，但为政府绿色采购提供了原则性规定和法律依据；二是总统行政命令，美国有关政府绿色采购的总统行政命令有十多项，如1993年10月发布的《联邦采购、资源回收与防止浪费》、1998年9月发布《通过污染防治、资源回收和联邦采购来绿化政府》、2000年4月发布的《环境经营领导政府绿化》等。三是《联邦采购条例》，其第二十三章中为联邦政府的绿色采购制定了专门的规范。四是一系列绿色采购计划，如《环境友好产品采购计划》、《能源之星计划》等。

（2）制定政府绿色采购标准，实际操作性强

美国将绿色采购分为七个部分，包括含可回收成分产品、保护臭氧层产品、节能节水产品、替代燃料交通工具、生物基产品、有利于环境改良的产品及有毒化学物质替代产品，并利用环境友好产品采购计划、能源之星计划、电子产品环境评估工具等对每一类产品都制定了绿色采购标准。如环境友好型采购计划由美国环保总署发布，为联邦政府各机构和采购官进行"环境无害"产品采购提供广泛的指导意见；能源之星是由美国能源部和环保总署共同开展的产品节能标识体系，达到相关标准的企业经评估后就可以在产品上贴上能源之星的标识；电子产品环境评估工具是对电子产品在其使用周期内的环境影响水平而进行评估的工具，通过该23项必要准则和28项可选准则对电子产品进行评估，并将最终认证产品分成三个等级。

（3）创新多种绿色采购方法

为弥补环保节能产品成本高的不足，美国在采购实践中采取了多种创新性采购方法，如最低价格法：符合相同节能环境标准下的最低报价；生命周期成本法：综合计算产品生命周期内的采购成本和使用成本，选择最低生命周期成本的产品；价格扣除：给予节能环保产品3%~15%的价格优惠；最优价值法：同时考虑价格和性能，结合环境标准，给包括节能、环保在内在每一项指标打分，分高者中标。

2. 扶持中小企业的主要做法

为中小企业提供参与政府采购的机会与一定的份额，是美国扶持中小企业发展的重要措施。中小企业由于自身竞争力弱的原因，即使在一个公平竞争的政府采购市场中，也很难获得政府采购合同，因而必须采取一些强制性措施才能保障中小企业获得一定份额的政府采购合同。美国在利用政府采购支持中小企业方面有很多措施，主要有设定小企业采购目标、小企业预留、小企业分包等。

表6.1　　　　　　　　美国联邦机构设立的法定采购目标

企业类型	目标（占合同金额）（%）	合同类型
小企业	23	主合同
妇女所有的小企业	5	主合同及分包合同
小型弱势企业	5	主合同及分包合同
未完全开发地区的小企业	3	主合同及分包合同
残疾退伍军人所有的小企业	3	主合同及分包合同

资料来源：Small Business Goaling, http://www.sba.gov/sba-direct/article/4008。

（1）设定小企业采购目标

每个联邦机构都必须对不同类型的小企业参与采购合同设定年

度目标，美国小企业管理局负责与联邦机构对其与小企业的采购合同目标进行协商。

（2）小企业预留

每个联邦机构要专门预留一定采购份额给小企业。《联邦采购条例》规定了小企业预留制度的决定方式、门槛限制、操作方法及撤销或调整的办法。预留决定由采购官做出或采购官与小企业管理局联合做出。依照《联邦采购条例》规定，采购额在 3000 美元以上、15 万美元以内的自动转为小企业预留。预留分为全部预留和部分预留。预留执行的主要依据是《小企业法》的企业发展计划与其他法律规定的特殊小企业群体政策倾斜计划等，企业发展计划规定了能够获得采购预留小企业的条件，特殊小企业计划主要包括微型企业试点计划、残疾退伍军人所有的小企业计划、妇女所有的小企业计划等。

（3）小企业分包

《联邦采购条例》规定获得超过简化采购标准金额政府合同的主承包商必须同意，小企业将最大限度地通过成为分包商获得实际参与机会，并规定主承包商必须建立分包计划，说明小企业如何参与分包及哪些小企业将参与分包。《小企业法》规定了无论是密封投标采购还是其他采购方式，如果单独合同价值预计超过 65 万美元（建筑合同超过 150 万美元）并具有分包的可能性，中标人或成功的要约人都必须提交一个可以接受的分包计划，大型合同一般要求 25% 分包给小企业，若未能在规定的时间内提交计划，那么就不具备被授予合同的资格。是否具有分包可能性由采购官通过考虑相关因素来确定，并监督主承包商提供分包计划，小企业管理局负责分包计划的审查和执行监督。

3. 支持企业技术创新的做法

美国政府采购政策是美国创新政策体系的重要组成，是技术创新需求拉动政策的一项有力工具。美国主要从三个方面支持企业的技术创新：一是通过研发和新产品购买，直接为技术创新提供需求市场，二是限制国外产品进入政府采购市场，三是扶持最具有创新活力的中小企业。

（1）支持企业研发，直接购买先进技术和产品

这是美国运用政府采购推动技术创新的最主要手段。据统计，美国非国防联邦采购中约有 15% 的比重属于技术创新类型的采购，这些采购多采用研发合同制的方式来实现，在研发初始阶段，完全依靠政府资助，到了第二阶段则由政府和企业共同出资，第三阶段则由项目承担者向政府和市场推广。美国国防采购几乎全部属于典型的"开创型消费者"采购，所采购的技术和产品均具有先导性，但市场尚不成熟。此外，在美国政府的研发采购计划中，还非常重视新兴企业参与重大技术、战略性技术的开发，在所采购的研发合同中始终保持一定比例的新兴力量。

（2）优先采购国货

美国 1933 年颁布的《美国产品购买法》规定联邦政府机构除一些特殊情况外必须购买本国产品。界定本国产品须具备两个条件：最终产品必须在美国制造；在美国开采、生产、制造的原料成本超过总原料成本的 50% 以上。加入 GPA 之后，这一法律对未纳入开放范围的采购项目及非 GPA 成员仍然适用。其他相关法律也

有体现优先采购国货的政策，如《道路运输效率法》规定，各州接受联邦运输部的补助资金，60%以上必须购买美国产品；各州接受联邦高速道路局补助时，必须使用美国生产的钢铁。

（3）向中小企业倾斜，促进科技创新

中小企业是技术创新的重要源头，无论美国联邦政府还是州政府，在政府采购中都对中小企业有适当的支持，使原本处于劣势的中小企业能够参与政府采购，间接促进了全社会的科技创新。除前面所述设立面向小企业的法定采购目标、小企业预留、小企业分包等措施外，美国还在报价、信息披露等方面为中小企业参与政府采购提供更多支持，其中，中型企业参与竞标的价格优惠幅度为6%，小型企业为12%。

（二）欧盟

1. 绿色采购的主要做法

欧盟建立了一套包括指令、技术标准、操作指南等的绿色公共采购制度体系，几乎覆盖了公共采购的全部领域，以强制与自愿相结合的方式鼓励成员国逐步实施，确定阶段性目标并进行评估，取得了很好效果。

（1）制定绿色采购的制度保障

欧盟2004年发布《关于协调公共工程、货物和服务合同授予程序的指令》和《关于协调水、能源、交通运输和邮政服务等公共事业采购程序的指令》两个公共采购指令，明确将采购涉及的环境问题考虑在内，其多个条款包含了绿色采购的内容，如规定"包含特定技术中的环境要求"、"使用生态标签或环保标签"、"对合同业绩设定社会条件和环境条件"、"要求经营者证明已满足环境责任"、"要求经营者证明执行与环境管理措施相一致的合同"、"采用环境特征为基础的中标标准"。欧盟公共采购指令要求采购人在确定采购需求时就将环保要求纳入考虑范围，货物采购要注重对产品全生命周期的考察，服务采购要注重执行过程中对环境的影响，工程采购要遵循"可持续建筑"的要求。

（2）提供绿色采购操作指南

2004 年欧盟发布《绿色公共采购手册》（2011 年发布第二版）为各成员国实施绿色公共采购提供了一整套可操作的方法，涉及对采购机构的员工培训、评估采购需求、确定合同标的、选择供应商、授予合同、履行合同等各方面的内容。

（3）绿色公共采购覆盖范围广泛

欧盟 2008 年发布《促进更好环境的公共采购》，设定了通常的绿色公共采购标准以及优先实施绿色公共采购的十大领域，包括①建筑领域，包括建筑原材料和建筑产品及维护服务；②食品和餐饮服务；③运输和云服务；④能源领域，包括电力、再生能源的热力和制冷；⑤办公设备和计算机；⑥服装、制服和其他纺织品；⑦纸和印刷服务；⑧家具；⑨清洁产品和服务；⑩卫生部门使用的设备。

2. 支持中小企业的主要做法

欧盟公共采购指令普遍强调便利中小企业进入公共采购市场。2008 年，欧盟制定的《小企业法》要求欧盟及其成员国采用包括公共采购的政策工具支持中小企业。同年，欧盟发布了《欧盟促进中小企业参与政府采购法典》，通过细化政府采购合同类别和缩小合同金额、框架协议采购、鼓励分包和组成联合体、合理确定资质条件和评标标准等措施扶持中小企业发展。

（1）为中小企业创造更多获得政府采购合同机会

由于政府采购合同金额往往比较大，中小企业受能力所限难以获得，欧盟通过多种措施为中小企业创造更多机会，包括通过分拆来缩小单个政府采购合同额、利用框架协议发挥中小企业灵活性优势、要求总承包人说明是否邀请中小企业作为分包人参与投标并提供了最具经济优势的报价等等。最新修订的欧盟公共采购指令其中一个主题就是要求进一步向中小企业开放市场，比如在可能的情况下，将更多政府采购合同划分成多个部分用以支持小企业与创新公司参与竞争等。

（2）鼓励中小企业以联合体的方式参与投标

欧盟公共采购指令明确规定各成员国政府采购机构有义务接受中小企业采用联合体方式的投标，并在招标文件中表明鼓励这种方式。评标时，联合体的能力应当以其所有参与成员方的总体能力为评估标准。

（3）对供应商的资质标准要求宽松

要求供应商的资质标准着重于考查投标人是否具备履行该项采购合同的能力，而不得以不适当的投标人资格预审标准限制竞争，诸如要求已经具有与公共部门合作的经验，如法国明确规定，不得要求投标人具有完成类似合同的经验作为其资格预选的标准，亦不得将此经验作为排除其投标的充分理由。

五、发挥我国政府采购政策功能的建议

我国经济社会发展已进入了新的阶段，创新驱动、生态文明、公平正义等成为重要的时代特征。政府采购作为经济社会治理的重要手段，目标已不再仅限于基于市场的一般商业性功能，而应当更多地直接体现我国经济社会发展的要求，把保护中小企业、推动节能环保、促进技术创新等作为政府采购的主要目标。制度建设需以目标转变为基石，为政府采购发挥更大功能提供充分的制度保障。

（一）法律法规及制度体系的调整

1. 明确"绩效最优"为政府采购制度体系的一项宗旨

我国《政府采购法》的宗旨是"公开透明、公平竞争、公正和诚实信用"，目标主要是"提高政府采购资金的使用效益"和"促进廉政建设"，这些原则和目标对我国上一阶段构建竞争有序、规范透明的全国统一政府采购市场发挥了重要作用。但随着我国政府职能的进一步转变，越来越重视对财政支出绩效的评价，尤其是在加入 GPA 的大环境下，如何提高政府采购的支出绩效，发挥政府采购的多重功能已变得越来越紧迫。目前，欧美发达国家的政府采购目标已普遍从单纯追求资金节约率发展为多元目标，"绩效最优"、"最经济有利"成为唯一或最主要的原则或宗旨。我国新阶段的政府采购既要强调公平竞争，也要强调政策导向，把公共资金支出的价值最大化即"绩效最优"作为政府采购的一项宗旨或原则。

2. 推动政府采购监管重点从重程序向重合同和重结果转变

当前我国《政府采购法》及相应的制度体系把监管重点放在对政府采购过程的控制上,强调采购程序合格、过程规范,其结果是效率损失、功能偏废,很多可以具备的政策功能受程序所制而无法实现。在新的发展阶段,政府采购的制度出发点和监管重点应从程序向合同和结果转变,加强采购合同的订立、履约及结果评价,通过合同来体现"绩效最优"。

3. 严格规范程序,稳步推进和扩大政策功能的发挥

我国政府采购制度建设目前仍处于初级阶段,管理体制和运行机制尚需进一步优化,采购规范和反腐倡廉等工作依然很重,社会各方对政策功能的认识也存在着很大差异,因而现阶段推进政策功能不宜过快过宽,要根据制度条件和经济社会要求稳步推进、逐步扩大。从现实情况来,现阶段宜把政策功能集中在支持节能环保、扶持中小企业和促进创新等领域,具体执行中要严格程序,坚持按照市场化原则,坚决反对把政策功能作为"价高质次"的借口,坚决杜绝借政策功能滋生贪污腐败。

4. 制定和完善相关的采购政策及措施

政策功能的发挥必须以采购政策为前提和保障。现阶段需围绕支持节能环保、扶持中小企业和促进企业技术创新等政策功能,制定或完善已有的采购政策,形成一系列配套的、具有较强操作性的采购政策体系,确保这些政策功能的发挥和采购目标的实现。在此

基础上，再逐步向其他政策功能和目标延伸。

（二）支持节能环保采购的政策建议

节能环保的采购政策要转变政策思路，既要有强制性，又要体现市场的公平竞争。具体包括：

第一，以节能环保采购标准制取代清单制，并执行标准之上的强制性采购。标准制的好处一是可以做到全覆盖，不易有歧视，能够做到公平竞争；二是可以通过不断提高标准推动节能环保产品的升级。标准要根据采购产品的节能环保属性进行分类，设定最低标准，最低标准要符合国内大部分企业的生产能力，最低标准之上可以再分多个层次。最低标准之内要实现强制性采购，高于最低标准的产品在评标时可以获得相应的加分。

第二，大幅扩大节能环保采购的覆盖范围。①进一步提高已纳入节能环保采购范围的产品在同类产品中的采购比重，做到应采尽采；②扩大政府采购节能环保货物的覆盖范围，做到已有标准或可以制定标准的都要纳入进来；③工程、服务等也要引入节能环保理念，做到能够制定标准的尽量制定标准，便于实际操作。

第三，创新节能环保产品的评标办法。按照节能环保产品不同的标准等级，可以给予不同比例的价格扣除或加分。引入产品生命周期成本评价法，综合考虑和计算产品的一次性采购成本和使用成本，综合成本低者中标。

第四，加强对采购单位与采购代理机构的评价和考核。节能环保产品价格相对较高，社会舆论如果不了解真实情况，容易引起非议，这也是很多采购单位不愿意采购节能环保产品的一个重要原因。解决办法一方面是要加强政府采购的信息公开透明，另一方面政府采购监管机构要加强对采购单位和采购代理机构实行以"政策性"为导向的评价和考核，并定期向社会公布评价和考核结果。

（三）支持中小企业发展的政策建议

《政府采购促进中小企业发展暂行办法》实施两年多以来，中央和地方利用政府采购支持中小企业已取得了很大成绩，同时也暴露出一些问题，如预留对象过于笼统、在一些地区变相为地方保护手段。政府采购监管部门要总结地方经验，针对存在的问题，不断调整和完善办法，为各地利用政府采购扶持中小企业提供更加具有可操作性的政策措施。

第一，细化和完善中小企业预留制度。①精确统计各地非贸易中小企业获得政府采购合同数量和金额的比重；②严格将30%政府采购预算金额预留给非贸易中小企业（包括提供中型企业制造货物的小微企业）；③加强对中小企业的分类支持，如授予残疾人办中小企业、妇女办中小企业等一定比例的份额；④对创新型、科技型中小企业给予特别支持。

第二，推行强制性的中小企业分包制度。我国以集中采购为主的采购方式，将多个小额政府采购项目合并成为单个大额项目，使得中小企业难以参与，如联合采购、批量集中采购等都存在这个问题。为此，需要推行强制性的中小企业分包制度，要求超过一定规模的政府采购合同承包商将一定比例的业务分包给中小企业。项目分包决定、分包执行的监督等应落实到具体的责任人，可以是采购单位也可以是集中采购机构。

第三，放宽对供应商的资格限制，减免中小企业参与政府采购的各种费用。对供应商的资格要求应仅限于完成政府采购项目的能力，而不应将注册资本、资产总额、营业收入、过往业绩、经营网点、完成类似合同的经验等条件作为合格供应商的资质条款，不准含有各种歧视性、排他性等不合理的条款。对中小企业参与政府采购应减免各种费用和保证金，包括招标文件工本费、投标保证金、履约保证金等，降低中小企业进入门槛。

第四，禁止各地借支持中小企业之名行地方保护之实。构建一个全国统一、公平竞争的政府采购大市场是我国政府采购发展的一个重要目标，也是我国《政府采购法》所要求的一个重要任务。要鼓励国内各类企业进行跨区域投标，各地要利用信息化手段为区域外企业参与投标提供便利，严禁设置排他性条款排除区域外企业，尤其要禁止一些地方只面向本地中小企业的政府采购。

（四）支持企业技术创新的政策建议

我国正处于加入《政府采购协议》的关键时期，对政府采购支持企业技术创新不可过于渲染，但更不能无所作为。建议政府采购监管部门会同其他相关部门尽快形成指导意见，重启政府采购支持本土创新政策，引导各地做好政府采购支持企业技术创新的工作，重点要实行四个转变：支持区域从整体向局部转变，支持方式从采购程序向采购合同转变，支持手段从清单制向标准制转变，支持对象从产品向研发转变。具体应做好以下一些工作。

第一，理清政府采购范围，重点在非约束采购领域推进新技术和新产品的优先采购政策。目前我国《政府采购法》只覆盖了部分财政性资金的购买行为，即使未来我国加入《政府采购协议》，大量基于国家安全或公共目标考虑的国防、公共工程都将在协议约束范围之外。利用非约束的政府采购支持企业创新是可行之举，不易受国外诟病。

第二，分层对待创新支持政策，允许局部地区如国家自主创新示范区做一些探索。对于"创新政策与提供政府采购优惠不挂钩的承诺"应分层对待，国家和中央层面继续遵守，局部地区可适度放开。做法上要探索利用政府采购的合同规则支持企业创新，要提倡非歧视原则，不讲"自主"只讲"创新"，并要避免地方保护。

第三，用标准制取代清单制，形成需求管理与供给创造相结合的创新支持体系。逐步取消包括节能环保领域在内的清单制支持方式，加强政府采购的需求管理，确立如环保标准、技术标准、原材料标准等采购标准体系，并通过不断升级标准来引导企业创新。同时，政府采购人还要不断提出"开创型需求"，促使企业同样不断地形成"开创型供给"。

第四，落实好《自主创新产品政府首购和订购管理办法》，重点支持新技术新产品的研发。首购订购办法目前仍有效，而且也符合《政府采购协议》的例外条款，但实际执行中仅有个别地区实施过该办法。建议加强对该办法的宣传、推广和实施力度，重点突出从研发开始的订购制度，根据经济社会发展的重大需求，以研发合同制的形式，分阶段采购研发成果、样机和最终产品，并要为新兴企业参与重大战略性技术开发提供空间。

第五，尽快出台"国货标准"和国货采购管理办法。为实际操作提供制度依据，减少对进口产品和外资品牌的依赖。

　　第六，重点转向对科技中小企业的支持，手段应多元化。落实和完善中小企业政府采购预留制度，对科技中小企业应给予专门的预留份额。实施大企业政府采购合同面向中小企业的强制分包制度。推广面向中小企业的政府采购信用融资制度。

执笔：袁东明

专题七
加入 GPA 对中国的影响和应对建议

    政府采购协议（Government Procurement Agreement，GPA）是世界贸易组织（World Trade Organization，WTO）项下为促进政府采购贸易自由化的多边协议。1979 年，关贸组织（WTO 前身）为了推动各国封闭的政府采购市场的开放，制定了 79 版 GPA，由各成员国自愿加入，随后该协议经多次修改。该协议由发达国家发起、建立和主导，是发达国家在世界范围推行有利于自己的价值观和法律体系的机制。GPA 在推进世界范围内政府采购市场开放的同时，给发展中国家带来了高额的制度转换成本和执行成本。在 20 世纪，由于各国政府采购市场不大，GPA 并未引起广泛关注，成员国数量也不多。随着全球政府采购市场的逐渐扩大，GPA 已经成为 WTO 框架下最受关注的领域之一。

    我国在加入 WTO 时承诺会尽快加入 GPA。为履行承诺，迄今为止，我国已经向 WTO 递交第五次出价清单。本报告介绍了 GPA 的主要内容，我国出价现状和主要焦点，以及加入 GPA 对我国可能的影响，结合发达国家应对 GPA 的经验，提出若干应对 GPA 的建议。

一、GPA 主要内容

GPA 分为正文和附录两大部分。正文包括目标、原则、范围、加入谈判程序、对发展中国家的特殊待遇等。附录含 4 大部分，附录一是各缔约方适用于本协议的市场开放清单，有 5 个附件，即中央政府采购实体清单及门槛价、地方政府采购实体清单及门槛价、其他实体清单及门槛价、服务项目清单和工程项目清单；附录二是政府采购招标和中标信息的刊物名录；附录三是提供供应商信息的刊物名录；附录四是提供政府采购法律、法规、司法判决、采购程序等信息的刊物名录。

GPA 成员国数量在逐步扩大之中。目前主要是发达国家和地区，即美国、加拿大、欧盟 25 国、荷属阿鲁巴、列支敦士登、瑞士、冰岛、挪威、以色列、日本、韩国、新加坡、中国香港。GPA 共有 22 个观察员。其中，中国台北、约旦、佐治亚、阿尔巴尼亚、保加利亚、格鲁吉亚、摩尔多瓦、阿曼、巴拿马、吉尔吉斯等正在开展加入 GPA 的谈判，亚美尼亚、克罗地亚、马其顿、蒙古等 5 个成员承诺要加入 GPA，但尚未提出申请。2007 年底，财政部原部长谢旭人代表中国政府签署了中国加入世界贸易组织（WTO）《政府采购协议》申请书，正式启动了加入 GPA 的谈判。

谈判的主要内容是 GPA 适用范围。由于没有统一的政府采购定义，GPA 中也没有用列举方式反映政府采购内容，因此，每个成员的 GPA 适用范围都是通过谈判确定。主要是就采购实体、采购对象和门槛价等几个方面进行谈判。一般而言，受规范的采购实体都是省级及以上行使公共职能的机构。其中，中央和省级的采购实体基本上都是政府机构（含事业单位），其他采购实体可能是提供公共服务的公用事业单位和国有企业。采购实体确定后，需要进一步明确开放的货物、服务和工程项目，具体的开放项目同样要通过谈判确定，即明确采购对象。此外，还要设置门槛价，达到门槛价以上的项目才受 GPA 规制，才有对成员开放的义务。政府级次和采购对象不同，门槛价也不一样。门槛价不是协议本身的规定，而是通过谈判确定。

符合规定的采购实体购买符合范围要求及门槛价的采购对象，只要是以合同形式进行，都属于政府采购范围，无论是否有购买选择权，是否先租后买。

GPA 允许成员国可以提出例外条款。GPA 本身规定了一些例外领域，主要是涉及国家安全、秘密等项目的政府采购可以免除遵守 GPA 开放义务。除此之外，还可以通过谈判确定协议适用例外。例如，美国联邦政府运输部不包括航空管理局。再如，韩国省级开放的工程项目门槛价为 1500 万特别提款权。各国在提出例外条款时都遵循一个基本规律，即本国国际竞争力强的产业，开放范围可以宽，门槛价可以降低，反之则高，但必须得到其他成员同意。

GPA 成员的开放清单可以修改，根据 GPA 第 24 条规定，可以申请修改，如从中撤出实体、调整项目等，但必须得到各成员一致同意。

GPA 成员主要是发达国家和地区，为了鼓励发展中国家及不发达国家开放政府采购市场，GPA 规定了对发展中国家的特殊待遇。

特殊待遇是指发展中国家可以根据产业发展、贸易收支平衡、经济发展状况、扶持完全依赖政府采购的企业等需要，在某些领域不必完全遵循 GPA 规定的完全开放原则。GPA 还规定了专门针对发展中国家的补偿贸易。补偿交易是指政府采购由外商中标的，可要求中标人为拿走本国商业机会作出补偿，包括要求使用一定比例的本地产品、转让技术、按合同额一定比例投资、出口产品等。

但 GPA 规定的特殊待遇不是无条件赋予成员国中的所有的发展中国家，要根据该发展中国家加入 GPA 时和已有成员国间一对一的谈判结果来确定。也就是说，发展中国家能否获得该协议规定的针对发展中国家的特殊待遇，必须通过谈判获得其他每个成员国的同意才能享受。

二、加入 GPA 对我国的主要影响

（一）我国加入 GPA 谈判的出价现状和主要焦点

迄今为止，我国已经五次递交出价清单，遵循着逐步放开的原则。第一份出价清单在 2007 年底递交，覆盖范围较小，门槛金额较高，还列举了多个例外条款和较长的过渡期。2010 年 7 月，第二次递交出价清单，增加多个中央政府实体，采用了联合国中央产品分类，不再列举货物清单，降低了门槛金额，并增加了服务和工程方面的出价。2011 年 11 月，第三次出价增加了 5 个省级政府。2012 年 11 月 29 日提交了第四份出价。这份出价一是增加了货物附件，与参加方新一轮出价形式保持一致；二是增列了福建、山东、

广东三省，扩大了地方实体开放范围；三是再次降低了工程项目门槛价，中央实体起始门槛价由 8000 万特别提款权（SDR）下调到 5000 万 SDR，地方实体起始门槛价由 1.5 亿 SDR 下调到 1 亿 SDR，其余阶段除最后一年不变外均作了下调；四是删减和调整了有关例外情形。

2014 年初又递交了第五份出价清单。对比第四份出价清单，第五份出价清单中中央政府实体的货物、工程和服务项目门槛价没有调整。但因机构改革，部分部委合并或撤销，新的出价清单对中央政府实体作了相应调整。次中央政府实体采购的货物和服务项目的门槛价保持不变，但下调了工程项目门槛价，调整为实施后第 1 至第 2 年 6000 万 SDR、第 3 年 5000 万 SDR、第 4 年 4000 万 SDR、第 5 年起降至 2000 万 SDR。第五份出价清单调整了次中央政府实体名单，按照 A 组和 B 组划分。在 A 组公布名单中新增辽宁省和重庆市，B 组则列入了河南、河北、湖南、湖北 4 个省份。其他实体的门槛价有较大变动，大幅降低了工程项目门槛价，货物和服务项目门槛价没有调整。工程项目门槛价调整为，实施后第 1 至第 2 年 8000 万 SDR、第 3 年 6000 万 SDR、第 4 年 5000 万 SDR、第 5 年起降至 4000 万 SDR。第 5 份出价清单实施期为 3 年。在此期间我国保留对履行相关义务采取过渡性措施的权利。同时，出于国家安全考虑，我国保留对特定供应商适用本协定的权利。

除了门槛金额、例外情况等技术性问题之外，GPA 成员国对我国出价清单中有两个实质性焦点。一是能否将国有企业纳入采购实体范围。出价清单中的附件 3 涵盖的是"其他实体"，但 GPA 没有明确规定其他实体究竟包括哪些类型的实体。从各国经验来看，一些非政府机构由于具有公共服务职能或公共机构属性，接受政府指导、控制或影响，因而受到本国政府采购制度的管辖。所以一些公共事业领域的国有企业、公共机构也被纳入一些 GPA 参加方的出价。美欧等国以此为理由要求我国将国有企业纳入出价清单。

但是美欧关于国有企业的要价不符合和入世时形成的有关共识。在入世工作组报告书中，中国政府明确表示国有和国家投资企业将不被视为政府采购，我国《政府采购法》也未将国有企业纳入政府采购管理范畴。这和其他国家将承担公共事业的国有企业或公共机构纳入政府采购制度有很大区别。

美国虽然承认这些情况，但坚持认为中国的国有企业受政府控制，仍然要求将国有企业纳入 GPA 出价，否则的话，要求中国政府制定明确的法规，能让国有企业采购遵循商业条件，完全不受政府的影响。但我国国有企业的类型和性质复杂，不可能简单划一。因此，加入 GPA 关于国有企业问题的谈判可以成为梳理我国国有企业改革路径和方向的时机。

另一个核心问题是地方政府采购实体应该涵盖哪些。GPA 成员国不仅要求包括全部省级政府，还要求包括 23 个副省级城市，欧盟甚至还要求把地级市纳入出价清单。我国虽然是单一制国家，但地方财政和预算管理有很大自主权，中央政府原则上不宜硬性要求地方政府加入 GPA。现有 GPA 成员国也并未将所有地方政府实体纳入。如美国只承诺 37 个州的州级政府，我国台湾地区只包括三个市级政府等。因此，我国在地方政府出价上仍有较大的谈判空间，由于缺乏明确的判断标准，这也是谈判中的一个焦点和难点问题。

（二） GPA 和我国政府采购制度的差异

两者的立法目标不同。GPA 的目标是促进全球贸易的自由化，它期望构建的是一个开放透明、公平竞争和讲究纪律的采购制度体系。我国立法初衷则是节约财政资金，保证采购项目质量以及对腐败的抑制。现行《政府采购法》没有将对外开放政府采购市场列入立法目标的考虑之内。

两者的基本原则不同。GPA 基本原则包括非歧视原则、国民待遇原则和透明度原则，我国《政府采购法》的核心原则是公开、公平、竞争性原则，其他原则都是为了公开、公平原则而展开的。我国政府采购领域的公开、公平和竞争性原则主要指国内市场以及对国内社会公共利益的考虑，并没有充分考虑对外开放。因此，现行法律的有关原则与 GPA 的非歧视原则、国民待遇原则和透明度原则暂时不能充分兼容。

两者的适用范围不同。适用范围包括适用主体、客体、限额等。GPA 适用主体范围由各缔约国承诺，呈逐渐扩大的趋势。从立法目的上讲，它期望将尽可能大的政府采购范围纳入其中，以促进政府采购市场的开放和国际自由贸易的发展。但是，考虑到政府采购在国民经济中占据的重要位置及其对社会目标的调控作用，GPA 在确定了其基本标准后便将具体的范围交由各成员国通过承诺表的形式列出。1979 年的《政府采购守则》其适用主体范围只限成员国的中央政府。但很多中央政府为了排斥 GPA 协议的适用，将由中央政府实施的政府采购下放给地方政府进行采购，有些还下放给中央政府所属企业实施，这使得政府采购作为国际自由贸易的障碍和壁垒不但没有减少和消除，而且还有加强的趋势。乌拉圭回合对此进行了修改，要求成员国明确承诺纳入 GPA 规范的采购实体的范围。采购实体的范围逐渐扩大至中央政府之外的次级中央政府，以及享受财政资金的事业单位等。具体由缔约国在附件中明确列明。我国《政府采购法》从采购主体、采购资金与采购活动的内容等三个方面来界定适用范围，但没有客观、明确的标准，留给各级政府自由裁量。

两者的采购方式不同。GPA 以公开招标、选择性招标和限制性招标为三种主要模式，每种采购方式的适用程序有明确详细的规定，借此提高采购效率，保证财政资金公平、公正的使用。我国《政府采购法》有六种采购方式，包括公开招标、邀请招标、竞争性谈判、单一来源采购、询价、国务院政府采购监督管理部门认定的其他采购方式。公开招标是主要采购方式，但只有三个条款对其程序做出了笼统、模糊的规定，其他采购方式的规定更加笼统和原则。

两者的救济制度不同。GPA 以质疑程序作为其救济制度的核心，利益可能受到侵害的所有供应商都可以提出质疑，审理质疑的机构要具有独立性，由法院或者与采购结果无关的独立公正的机构进行审理并接受司法监督，这种质疑程序包含质疑、投诉以及诉讼。GPA 还规定各缔约方便于供应商进行质疑的行政和司法审查程序必须及时、有效、透明和非歧视。规定给予供应商质疑的时间不少于 10 天。我国《政府采购法》也规定包含质疑和投诉在内的救济制度，但质疑主体仅限于采购文件、采购过程、成交结果使得利益受到实际损害的供应商，这将潜在利益受损的供应商排除在质疑投诉主体范围之外。我国受理质疑的机构是政府采购实体或采购代理机构，当质疑供应商对采购人、采购代理机构的答复不满意或者采购人、采购代理机构未在规定的时间内给出答复的，可以向同级政府采购监督管理部门投诉，即各级人民政府财政部门。这与 GPA 要求的受理质疑投诉的主体必须是与采购结果无关、独立、公正的审议机构明显不同。我国法院受理相关案件的范围仅限于投诉，被排除在质疑主体之外的潜在利益受损的供应商再次被排除在权利救济制度之外。

（三）加入 GPA 对我国经济的影响

加入 GPA 有积极作用也有负面作用。积极的方面有：一是将增加我国企业产品和服务进入国际市场的机会和渠道；二是借助 GPA，促进我国政府采购体制的改革和完善。

但要客观认识 GPA 为我国企业和产品可能带来的机会。实证研究表明，GPA 促进政府采购市场开放的作用非常有限。日本 1997～2007 年间的数据显示：日本门槛值以上的工程合同几乎 100% 授予本国供应商，服务合同近 95% 授予了本国供应商，外国货物供应商中中央政府货物合同的最高比例也不超过 16%。欧盟 2011 年的最新研究表明，2007～2009 年间跨国采购的比例仅为 1.6%。

在这些主要经济体，GPA 促进的政府采购市场开放更多体现在法律意义上的开放，实际开放程度值得怀疑。但在小经济体如芬兰、瑞典、挪威、香港、新加坡等地，GPA 确实促进了相关市场的开放度。

这表明：首先，对加入 GPA 能够给我国企业带来的外国市场空间不要有太大期望；其次，参照国际经验，完全有可能形成既能保护本国市场及企业又与 GPA 相适应的国内制度体系；第三，对于企业而言，加入 GPA 后的商机应该主要从成员国中的较小经济体挖掘，在大经济体则可配合本国政府以减少隐形壁垒，实现实际开放为主要目标。

加入 GPA 对本土产业发展带来的冲击和负面影响需要认真关注。一是政府采购市场大量外流，部分产业将受到冲击。我国的政府采购市场较大，发达国家始终希望大举进入，同时我国是发展中国家，市场经济体系初步建立，经济实力不够强大，企业和产品也不具备显著竞争力。国内软件、汽车等政府采购的重点产业基础薄弱，技术创新能力不足，缺乏国际竞争经验，政府采购市场开放后，这些长期处于政府采购保护之下的产业将受到冲击。而主要发达国家的企业和产品综合实力超过中国同行，加上我国采购人相对而言有购买外国产品的偏好，因而在没有完善的防护制度的前提下加入 GPA 有可能对本国市场带来过度冲击。二是 GPA 规则在国内的实施将对我国现行政府采购制度提出更高要求。我国的政府采购体制不完善，法律之间的协调、监管的有效性等都存在比较严重的问题。近年来频繁发生的各种政府和工程招标中的腐败、混乱现象正是这些问题的表现。从这个意义上说，GPA 的透明度、公平、公开、程序合理、第三方监督等规则，有助于改进和完善我国的政府采购制度。而不利的方面同样在此。和 WTO 主要约束政府的政策不同，GPA 直接管辖政府的采购行为，而不仅仅是政府所制定的政府采购法律、规章。所有列入出价清单的政府采购实体，都将成为其他参加方监督的对象。由于我国政府在经济中的突出作用，以及我国政府采购体制的种种问题，一旦加入 GPA，有可能出现各级政府机关、事业单位、国有企业等频繁受到其他参加方质疑甚至诉讼的情况。

三、发达国家加入 GPA 的主要实践①

GPA 或多或少都会给缔约国带来一些冲击。观察已缔约国加入 GPA 的一些应对措施，可以为我国提供一些借鉴经验。一般而言，发达国家应对 GPA 的举措有下列内容。

1. 保留部分政府采购市场不对外开放

各国利用例外条款开放具有国际竞争优势的产业，对重要又相对落后的产业，则对国外供应商采取限制。保留领域可分为采购实体、采购对象、销售国家和地区的保留。

（1）采购实体的保留

加拿大不开放包括总理府、议会、国防部、太空署等在内的核心部门。韩国中央政府有 30 个部级单位和 67 个下属单位，只列入 43 个实体。各国地方政府采购和其他实体采购市场的开放程度有较大差别。美国将 50 个州中的 37 个州列入。加拿大地方政府和国有企业均不受 GPA 约束；韩国除蔚山市外其他地方政府均列入 GPA 清单，还有韩国发展银行、韩国工业银行 2 家银行，韩国电力

---

① 本部分内容源自邓婉君、张换兆："对《政府采购协议》下中国保护本国产业和支持本土创新的建议"，中国科技论坛，2012 年 4 月。

公司、韩国国家石油公司、韩国土地公司等 17 个国有企业。这与美加等国和韩国政体不同有关。美国、加拿大是联邦制国家，国家与各联邦组成单位相对独立，韩国是单一制国家，中央政府对外缔结的协议和条约适用于地方政府。

（2）采购对象的保留

韩国政府、加拿大、美国都对中小企业或少数民族企业的项目予以保留。在国家安全方面，加拿大保留包括石油等战略物资和储备、核原料和技术、高精尖武器等领域的货物和服务项目；韩国保留包括卫星和涉及武器、弹药、战争的物资采购；美国电信领域不对国外供应商开放。与公共利益相关领域，韩国的国产高速列车和核电站的公用事业装备及农、水产品和牲畜采购，国家警察局和国家海上警员机构为维持公共秩序而进行的采购。加拿大服务贸易方面的研发，与健康、金融、水电气有关的项目以及照相、制图、出版等；货物贸易方面的造船和船舶维修，与城市铁路和交通有关的设备、元件、系统、原材料和钢铁的采购；运输部、渔业和海洋部数据自动处理设备、软件和支持设备、办公设备、文本处理系统和录像设备、特殊工业机械的采购等；还有国际发展署对发展中国家的援助项目也不适用该协定的有关规定。韩国政府将以转售目的，直接用于货物或服务生产的采购项目进行了保留。

（3）销售国家和地区的保留

对次中央实体的采购，各国依据互惠原则将一些领域的政府采购向部分国家和地区开放。如奥地利的供水、港口部门的采购市场不对加拿大和美国开放；韩国铁路、机场、城市交通的采购市场只对欧盟、奥地利、挪威、瑞典、美国、瑞士、芬兰实行互惠开放。

2. 设定合理的门槛价

GPA 规定了门槛价的参考值。在 GPA 参考值的约束下，各国都与其基本一致的制定了门槛价，但也根据本国情况尽量提高在某一领域的门槛价。美国次中央实体上对加拿大、韩国、日本确定更高的门槛价，减少这些国家进入的机会。韩国以发展中国家身份加入，其他采购实体的 3 个门槛价均是 GPA 缔约方中的最高值。韩国将地方实体和其他实体的工程门槛价都提到 1500 万 SDR（特别提款权）的高价，这对保护相对较弱的本国工程产业非常有益。另外，各国政府采购设定的 GPA 门槛价都远高于本国法律规定的纳入本国政府采购的价格标准。

3. 尽可能延长过渡期

韩国 1994 年签署 GPA，但 1997 年才开始适用 GPA 相关规定，争取了 3 年准备时间。虽然 1994 年 GPA 修订是韩国推迟适用 GPA 的重要因素，但这依然说明一国可以在签署 GPA 后争取较长的过渡期推迟适用 GPA。

4. 完善国内防护性制度

上述开放市场的保留以及门槛价的谈判等都需要国内政府采购制度进行落实，才能真正实现对本国利益的保护。防护性制度包括政府采购的政策功能制度、隐形壁垒等。对外谈判中获得的针对某类采购市场的保留，比如中小企业、国家安全等都需要国内完善政府采购的政策功能制度才能实现。隐形壁垒是另一种重要的防护性制度。日本是 GPA 的倡导国和最先签字国之一，但在加入 GPA 后，通过各种隐形壁垒，将国外企业几乎完全挡在市场外。日本要求投标产品或服务必须符合与国际标准不一致的日本标准。日本还设置不利于外国企业的资质条件，比如看投标者在日本的实际业绩，很多外国企业因没进入过日本市场，不满足条件。日本对外国产品的规格、尺寸、性能及环保等方面也制定强制性要求。直至 1988 年在美国的压力下，日本制定了《关于市场准入的实施办法》，对政府采购的招标程序作出重大修改，日本的政府采购市场才逐步开放。美国也通过技术标准、增加检验项目和技术法规变化等隐形壁垒，将外国高科技产品挡在本国政府采购市场外。设定多种采购方式。GPA 规定的公开招标是所有供应商皆可参加的投标，是最主要的方式。选择性招标和限制性招标都属于非公开招标，方便保护本国企业。各国政府都采用了多种非公开招标的政府采购方式来保护本国企业。日本政府非公开招标包括指名竞争招标和指定性招标；韩国政府非公开招标包括有限竞争招标、指名竞争招标和随意招标（当采购金额在 2000 万韩元以下或有其他特殊情况时采用），2007年韩国非公开招标方式占除建筑工程政府采购的 1/4，有效地保护了本国企业。

补偿贸易制度也是防护性制度的一种。当国外供应商中标，可以利用 GPA 规定建立补偿贸易制度。澳大利亚政府制定了外国产品中标后的补偿贸易细则，要求外国供应商与本国企业或科研机构，对符合国内需求且具有持续性的研究项目共同制定研究计划，或者共同成立研究开发中心，或者要求外国供应商提供有关培训服务，帮助国内企业实现技术升级，培训专业人才。

四、建议

在继续坚持逐步放开，尽可能争取更多例外空间的谈判策略的同时要加强国内制度的建设，以实现国家利益的最大化。

（一）国内防护性制度的完善是正式加入 GPA 的前提

GPA 致力于全球政府采购市场的开放，重点是约束政府两方面的行为，一是规范政府对政府采购市场的有关规则；二是规范政府进行采购的行为本身，核心内容是在政府采购领域约束国家意志。政府采购领域的国家意志最主要的体现是政府采购政策功能的实现。

实证研究表明，主要发达国家加入 GPA 后其政采市场的实际开放程度不超过10%，本国企业和产品仍然是政采的主要受益者。究其原因，是这些国家有完善的国内政采制度，既有因 GPA 要求对本国制度进行修改的修正性制度，也有为避免 GPA 过多冲击本国经济的防护性制度。

防护性制度是一国在 GPA 允许的制度空间内设置的避免外国企业和产品过多冲击本国市场，让政采仍能促进本国企业按照国家需要健康发展的有关制度总和，包括 GPA 例外条款，国内政采的政策功能制度和隐形壁垒。修正性制度是按 GPA 要求对本国制度进行的修改总和，如各国都要根据加入 GPA 时的承诺完善开放市场和非歧视性待遇的法律制度等。

　　加入 GPA 之前就完善防护性制度和修正性制度有助实现国家利益最大化。加入 GPA 前完善修正性制度可以满足 GPA 要求，也可以让本国在修正性制度的完善过程中有更多自主权。加入 GPA 前完善防护性制度是避免其他成员国企业和产品不受控制地冲击我国政采市场的关键所在。我国企业和产品在技术、质量以及规则运用能力等方面尚无大范围冲击主要发达国家政采市场的实力，因而短期内 GPA 能为我国企业带来的市场空间有限。另一方面主要发达国家的企业和产品综合实力超过中国同行，加上我国采购人相对而言有购买外国产品的偏好，因而在没有完善的防护制度的前提下加入 GPA 有可能对本国市场带来过度冲击。

　　国内防护性制度薄弱，亟须从两方面完善。防护性制度中的 GPA 例外条款通过与成员国谈判获得，我国正采取正确的谈判策略争取尽可能多的例外条款。另外两个方面如实现政采政策功能的制度配套和隐形壁垒是国内制度建设应关注的两大重点。

　　1. 完善政采的政策功能配套制度是防护性制度的关键内容

　　完善政采政策功能的配套制度体系是避免其他成员国企业和产品过多冲击本国经济的主要防护制度，符合国际条约规定。政采的政策功能首先源自美国和欧盟，并在 GPA 中得以确立，联合国政府采购示范法最新修改也强调了政府采购的政策功能。但政策功能迄今没有统一的定义和范围，一般而言，政策功能包括促进创新，支持中小企业发展和环境保护等方面。

　　我国现有有关制度零散，没有统一体系，有些重要内容严重缺失（如国货定义，支持创新的政策等）。建议在设立国内政策功能配套制度时参照美国制度体系，以维护国家安全为大原则，在支持创新、中小企业发展、少数族裔、落后地区以及环境保护等方面视为该原则的具体体现，其他领域视情况和需要纳入。

从对外竞争和谈判的角度，我国政策功能制度体系建设中的有两个重点（也是难点）。一是如何支持国货，二是如何促进本土创新。这也是国际谈判及商事竞争中的焦点。

国货制度要注意两个关键要点。首先要制定符合国情的国货定义；其次要厘清支持国货的制度体系与 GPA 体系之间的关系。我国国货定义不应简单照搬发达国家的定义。发达国家通常强调本国原料和在本国生产的占比，在我国国货计算中则应考虑纳入本土知识产权因素，以促进本土创新和吸引外资在中国设立研发机构。我国 2009 年左右颁布但后国际压力被迫废止的支持自主创新政策里曾经明确将"本土知识产权"的有关标准纳入，具有一定操作经验。2009 年有关政策中对"本土知识产权"标准的适用过宽，不限于国货制度领域，最终迫于国际压力被废止。国货制度在考虑纳入知识产权因素时，也需要考虑我国的一些国际承诺，比如在 APEC 以及一些双边谈判中的承诺，这些承诺一般仅在特定范围内生效，比如在 APEC 中的承诺，只在 APEC 成员国范围内生效。

二是清醒认识创新对于国家发展的重要性，精巧设计符合国际条约的本国政采促进创新的配套制度。促进本土创新策可以分为三类。第一类是非歧视性的支持创新政策，通过政府采购对创新产品进行首购、定购以及优先购买等方式来促进创新。这类政策需要避免明显的国别歧视条款，通过其他隐形壁垒来实现对本国企业和产品的支持。第二类是在特定范围明确提出支持本国创新，如：非

GPA 约束的采购主体的政府采购，GPA 例外的特定行业的政府采购，以及没有达到门槛价的政府采购，在这些领域可以旗帜鲜明地向本国创新倾斜。第三类可以结合其他政策功能，如对中小企业创新主体给以特别支持，对环境保护领域的创新给以特定重视等从内部制度建设的角度，在中小企业与少数族裔、落后地区以及环境保护等领域的政策功能需要进一步加强和完善。这些领域的政策功能普遍存在于多国，不太会引起外部争议，我国也已经有相关实践，但仍存在标准模糊、落实难等问题，有必要加强和完善。

2. "价格标准"可成为应对 GPA 的重要隐形壁垒

隐形壁垒是指某些规则从字面上看不出对某国企业或产品的倾斜或歧视，但操作的实际效果会有利于本国企业或产品。比如发达国家经常采用的技术标准就是一种隐形壁垒。美日欧技术发达，提高对产品或企业具备的技术要求，可以很大程度上排除；维护国家安全，也是美国常用的理由。对于什么会危及"国家安全"，美国没有明确界定，而是个案判断，这意味着政府解释具有极大的自由度。

价格标准可以成为我国的重要隐形壁垒。我国在技术上不占优势，但产品价格在国际竞争中的优势会继续保持一段时间。价格标准是以节约为理论，对政府采购的某些产品设置价格区间，该区间让本国产品有盈利空间，又在外国产品的价格之下，同时条款本身不设置国别或区域限制。这种标准不触犯国际条约，又有利于扶持我国企业和产品。

（二）适度加快修正性制度的建设

尽快推动国有企业分类管理的实现。国有企业分类管理的大方向已经明确。GPA 成员国要求国有企业与政府之间的关系更加市场化和透明，这些要求与我国国有企业改革的大方向一致。

接受 GPA 的某些规定，促进政府采购的规范和公平。GPA 中关于政府采购的主体、范围、救济方式等和我国现行法规定均不一致。在构建完善防护制度体系前提下，适当拓宽政府采购法的规范范围，强化采购方的责任和事后救济机制，有助于促进相关领域的法治化进程。

加强电子技术在政府采购中的应用和制度建设。电子技术的采用有助于提高政府采购的效率和透明度。采购电子化是近年来《联合国采购示范法》以及最新一轮的《欧盟公共采购指令》的重点修改领域之一。电子化采购的应用应有法律、技术和安全保障，我国需要加强制度前瞻性设计。

推动国内政府采购透明化的进展。透明度原则是 GPA 最重要的原则之一。我国有相关规定，但缺乏强制实施的具体标准。在互联网技术高度普及的今天，实施透明度原则的成本和难度都不大。加大透明度建设对于防治贪污、腐败、竞争性不足等问题有积极意义。

执笔：王怀宇

专题八
国外政府采购发展历程中若干重要问题及启示

一些西方国家在 18 世纪提出政府采购的理念，经过 200 多年的发展和完善，形成国际现行的政府采购框架。中国的政府采购正处于初级阶段，学习和借鉴不同国家和地区的经验做法，特别是关注其发展过程中若干重要问题及演变，对于我国完善政府采购政策制度体系，实现政府采购的跨越式发展具有重要意义。

本文梳理了部分发达国家和地区在政府采购的原则、采购方式、采购机构、法律体系、政策目标、电子化采购等方面的发展历程和经验做法，并提出了对改革和完善我国政府采购体制机制的借鉴和建议。经研究发现，很多国家政府采购原则经历了从单纯追求资金节约率发展为以"绩效最优"为代表的多元目标的过程，采购方式经历了从分散到集中发展到集中和分散采购相结合、从公开招标为主到以多种方式并存、从重视过程和程序到重视合同的转变，大都设立了地位较高的集中采购管理和执行机构，建立了可操作性较强的法律体系，政策目标从缺乏到明确，以及通过电子化采购带来变革等等。

通过分析国外政府采购发展历程中的若干重要问题，本文形成对我国改革和完善政府采购体制机制的政策建议：应从单纯注重节支防腐的政府采购原则向实现"绩效最优"的多元目标转变，加强采购方式的科学设计，理顺政府采购管理和执行机构关系，加快建立和完善可操作性强的政府采购法律体系，以及在GPA指导下针对性强的政策目标体系，加大力度保障和执行电子化采购，等等。

一、国外政府采购发展历程中的若干重要问题

在200多年的发展历程中，政府采购涉及了很多领域的改革和演变，主要可以从政府采购的原则、采购方式、采购机构、法律体系、政策目标、电子化采购等方面进行总结和借鉴。

（一）政府采购原则从单纯追求资金节约率发展为多元目标

在政府采购发展的初期，政府采购大多为分散的采购，出现了资金使用效率较低且滋生腐败的问题。为促进采购过程公开透明、节约公共资金，不少西方国家采取强制集中采购的方式，其中又以公开招标方式为主，将购买时的最低价格作为评标标准。这种追求资金节约率的采购理念虽然在短期内取得了成效，但由于过分强调竞争过程和评标时的最低价格，往往忽略了采购项目的质量、效率、后续服务和合同标准，致使政府采购常远离采购的需求和目标。同时，随着政府采购规模的不断扩大，干预经济以及实现经济

社会的政策目标也成为政府采购的重要目标。单纯追求资金节约率的最低价原则却导致政府采购无法充分保障采购需求和实现政策目标。因此，很多西方国家和地区开始摒弃单纯追求资金节约率的目标，而采用多元目标，即以"Value for Money"为代表的"绩效最优"、"最佳价值"或"最经济有利"等政府采购原则和目标。

1. "绩效最优"原则的含义

"绩效最优"是英国政府采购原则"Value for Money"的中译文（又译为物有所值①），强调公共资金支出的价值最大化。该原则的主要含义包括两方面：一是从政府采购本身看，既要价格低，还要保证采购的商品和工程的维护等后续服务，使商品、工程在购买、维修、服务等环节在内的整个生命周期总成本最低，进而实现财政资金的绩效最优；二是从经济社会的层面看，要通过政府采购实现经济社会政策目标，例如支持中小企业、保护环境、鼓励创新、促进社会稳定等等，进而实现整个经济社会的绩效最优。因此，"绩效最优"原则与单纯追求资金节约率的原则在理念上有根本差异。

英国政府将"绩效最优"定义为"通过对采购全生命周期的成本和质量的最佳组合而不仅仅关注最低价格"②。因此，"绩效最优"就是要考虑政府采购项目全周期的所有成本，实现价格、质量

---

① "物有所值"的翻译主要是从采购物的角度看，容易引起一种误解：即要采购尽可能有更大价值的商品或服务。"Value For Money"主要强调的是资金的效率，即在采购的全生命周期中反映出来的资金使用绩效最优，因此本研究采用"绩效最优"的翻译方式。

② "Regularity, Propriety and Value for Money", page 17. Treasury officer of accounts of the UK, 2004.

和效率的最优化，而不是仅仅追求采购价格最低和采购时的资金节约率。

美国联邦政府采购"绩效最优"相关的表述是获得最佳价值（Best Value[①]），包括提高产品和服务质量，降低成本，缩短采购时间，促进竞争，实现社会目标，降低商业和技术风险，提供一揽子采购服务等。

欧盟公共采购指令在新一轮的修订中对合同授予标准进行了较大调整，要求所有公共合同在授予时必须符合为"最经济有利"标的原则，判定准则为基于价格或成本，使用成本效益法如生命周期法等确定最佳标的，同时实现政策目标。

几个西方国家和地区政府采购原则总结在表8.1。

表8.1　　　　　　　　　部分国家政府采购原则的主要内容

国家/地区	内容
英国	绩效最优原则，即"通过对采购全生命周期的成本和质量的最佳组合而不是仅仅关注于最低价格"。
美国	最佳价值原则，包括提高产品和服务质量，降低成本，缩短采购时间，促进竞争，实现社会目标，降低商业和技术风险，提供一揽子采购服务。
欧盟	所有公共合同在授予时必须符合"最经济有利"标的原则，强调环境、社会和创新问题，重视合同履行经验或售后服务和技术支持，同时考虑产品、货物或服务的价格或生命周期成本等因素确定最佳标的。
德国	基本原则之一就是"综合权益、效益最佳"，是指全面衡量投标的长期综合效益，选择最经济而不是单纯报价最低的投标。
韩国	评分方法之一就是适当者中标，即对企业进行综合考核，尽可能保障质量，而不仅考虑价格。

资料来源：根据有关资料整理。

---

① GSA：missing and Priorities. http：//www. gsa. gov/portal/content/100735.

2. "绩效最优"的发展历程及各国做法

随着经济社会的发展，西方国家的政府采购普遍经历了从追求最低价格的资金节约率到以绩效最优为代表的多元目标的历程。

20 世纪 80 年代，英国政府为了促进采购的公平、透明而开展了公共服务改革，强制以公开招标方式进行公共采购，运行不久政府采购便被诟病为购买低价劣质产品和服务。这是因为，一味地追求最低价导致供应商围绕价格进行恶性竞争，违背了价值规律，从而导致采购的质量缺乏保障。为解决这些问题，1997 年英国政府提出将 "Value for Money" 作为政府采购的唯一原则，鼓励采购项目在价格、质量和效率上的平衡。英国公共采购指南上定义公共采购的过程包括从需求到合同签署后的管理以及报废的产品服务的整个生命周期①，因此强调在采购的全生命周期内公共资金支出的价值最大化，而不仅仅根据购买时的最低价格。值得注意的是，英国提出绩效最优原则后的很长一段时间内，虽然强调政府采购的政策功能，但并没有具体扶持措施，而是强调公平竞争。在 2008 年金融危机后，对中小企业等才有了实质的扶持。

多年来欧盟也普遍采用最低价原则，但是由于效率较低、工作量大，没有实现资源价值最大化。最新一轮的欧盟公共采购指令修订对政府采购原则进行了较大调整，体现在合同授予标准要符合"最经济有利"标的原则，判定准则为强调环境、社会和创新问题，

---

① "An Introduction to Public Procurement", https://www.gov.uk/government/uploads/system/uploads/attachment_ data/file/62060/introduction - public - procurement. pdf, page4："The procurement process spans a life cycle from identification of the need, through the selection of suppliers, to post - contract award management, including disposal."

重视合同履行经验或售后服务和技术支持，同时考虑产品、货物或服务的价格或生命周期成本等因素确定最佳标的，从而实现政府采购绩效最优①。

3. "绩效最优"的运作体系

"绩效最优"是在采购理念指导下整个政府采购的运作体系。为了保证在政府采购的每一个环节都实现真正的绩效最优，而不是为腐败提供温床，必须要有规范的运作体系和一系列制度保障，包括科学规范的采购制度、较健全的法律体系、监督管理体系等等。

首先，"绩效最优"不强调购买时的最低价，但强调采购过程公开透明，并以市场竞争为基础。例如，英国关于"绩效最优"的表述中首先强调绩效最优是建立在市场竞争基础上②，鼓励竞争。美国、欧盟、英国等西方国家和地区的政府采购中都对不同采购方式对供应商数量和资质要求、采购信息发布、招标结果公示等提出明确要求。尤其是英国政府采购在 2008 年金融危机以前强调政府采购要对所有企业公平公正，相互公平竞争，甚至对中小企业也并没有给予特别扶持。

---

① "New EU – rules on public procurement – ensuring better value for money"：http：//www. europarl. europa. eu/news/en/news – room/content/20140110BKG32432/html/New – EU – rules – on – public – procurement – ensuring – better – value – for – money. "*the award criteria in the new rules will be based on the principle of the* "*most economically advantageous tender*" （*the* "*MEAT*" *– criteria*）*which aim to ensure quality and best value for money by putting more emphasis on environmental considerations, social aspects or innovative characteristics, the experience of the staff performing the contract or offers of after – sales service and technical assistance, while still taking into account the price or life cycle costs of the work, good or service procured*".

② Procurement OGC Principles Value for Money. http：//webarchive. nationalarchives. gov. uk/20110601212617/http：//www. ogc. gov. uk/documents/20090918 _ VFM _ Policy _ Principles. pdf, Procurement. *Managing public Money*, *page* 101. https：//www. gov. uk/government/publications/managing – public – money.

　　其次，"绩效最优"通过科学的采购制度和合同授予标准设计，充分体现采购人需求。例如，根据采购项目，英国规定可以灵活采取不同采购方式，对价格为主要因素且比较简单采购可以用最低价的方式，对于比较复杂的合同可以采取其他相应方式。在供应商选择和合同授予方面上，英国《采购政策指南》中提到："采购时首先必须判定采购是否符合绩效最优原则，包括评价目标、收益、战略契合、供应能力、各种选择以及合适的商业方法"，"后续决策还应关注是否在环境变化时仍然能够达到绩效最优以及实现预期收益。对于重要和复杂的项目，还应持续考虑采购生命周期中的重点问题，保证项目初始目标、用户需求以及持续的收益"①。在采购战略上，对于复杂的项目，必须先商定合同过程、供应商数量以及资质、合同长短及类型等问题②。在合同授予标准上，"绩效最优"并不是靠随意主观决定采购的价值和合同授予标准，而有一套科学的价值评定方法和监督管理体系，英国通过各方对不同价值维度权重的科学设计实现价值最大化。

　　第三，"绩效最优"要实现政策目标。随着经济社会发展，通过政府采购实现对中小企业和创新的支持、环境保护、对社会群体的帮助等政策目标得到广泛共识。这也是"绩效最优"广义上的意义体现，即通过采购实现经济社会价值最大化。很多西方国家都制定了实现政府采购政策目标的配套办法。

①　"An Introduction to Public Procurement"，https：//www.gov.uk/government/uploads/system/uploads/attachment_ data/file/62060/introduction－public－procurement.pdf，page 9.
②　"An Introduction to Public Procurement"，https：//www.gov.uk/government/uploads/system/uploads/attachment_ data/file/62060/introduction－public－procurement.pdf，page 10.

第四，"绩效最优"有严格的法律法规和监督体系，强调采购结果评价。很多西方国家都建立了规范的法律体系，保障政府采购的运行有法可依，并设计了一系列监督办法，保证采购的公平、透明。如英国国家审计办公室提出评价"绩效最优"的一系列步骤，审计采购的实际价值与预期价值是否达到了绩效最优的标准①。

（二）采购方式不断演变

随着采购原则变化，采购方式也不断演变，主要包括集中和分散采购两种方式。集中采购是指由集中采购机构收集采购需求并进行统一采购的方式，分散采购一般是各部门自行采购。各国/地区根据不同情况往往采取了不同采购方式，但总体上看主要有以下趋势。

1. 从分散到集中发展到集中和分散采购相结合，以框架协议为主要框架

很多国家经历了从分散到集中发展到集中和分散采购相结合的过程。以美国为例，早期美国联邦政府采购从分散发展到高度集中，主要原因包括：一是政府采购规模较大，尤其是采购范围从早期的货物发展到涵盖货物、工程、服务在内的所有公共领域，通过集中采购能够实现防止腐败的目标；二是采购部门有较强专业性，各部门专业职责清晰，联邦服务总署承担了联邦政府的全部采购职责，利于集中需求进行采购；三是当时的采购追求资金节约率，价

① "Analytical framework for assessing Value for Money". National Audit Office of the UK. http：//www. bond. org. uk/data/files/National_ Audit_ Office_ _ Analytical_ framework_ for_ assessing_ Value_ for_ Money. pdf.

格是唯一的衡量因素，集中采购的价格量大从优，利于实现采购目标。随着政府采购的发展，美国政府采购逐步确立了集中和分散采购相结合的方式，集中采购就是由联邦服务总署整合各部门需求集中采购，主要通过框架协议实现一次协议、多次采购。分散采购是指在一定限额下的合同部门可以自行采购，但需要得到联邦服务总署授权并向其备案，也可以委托给服务总署并支付一定费用。美国政府采购的方式演变的主要原因包括：一是在"最佳价值"的原则指导下，联邦各部门采购需求多元化，不能全部通过集中采购实现；二是集中采购所需时间长，部门自行采购能够提高采购效率。实行集中和分散方式一般以合同金额限额界定。例如德国规定，合同金额预计超过 8000 欧元的必须实行政府集中采购，在欧盟公共指令规定限额以上还应按照欧盟规定实行欧盟范围内集中采购，低于限额的合同由联邦政府各部门分散采购。

英国早期也实行比较分散的管理体制，中央和地方各部门有较大的采购权，为了更好地管理采购支出，提高资金节约率，1988 年立法要求所有政府部门参与招标，中央部门实行强制集中采购，禁止自行采购。这实现了防止腐败，提高了购买产品时的资金节约率，但过度追求最低价格违背了价值规律，致使政府采购购买了很多质量较差的产品和服务，后期运营成本过高。1997 年提出"绩效最优"的原则后，英国的政府采购逐渐向集中和分散相结合的采购方式演变。

框架协议（Framework Agreement）越来越多地成为现阶段很多国家通行的集中采购方式。框架协议是一揽子长期供货合同，合同时间一般为五年以下，为不限定数量合同，各采购需求部门可以在集采部门签署的框架协议中进行采购。框架协议规定具体价格，根据采购额度，采购机构可以选择不同的采购方式，并对价格有决定权，可以享受到最优惠价格。框架协议有两个特点：一是协议有效期比较长，是一次协议、多次采购的无数量合同。协议有效期一般为三到五年，通过一次公开招标确定供应商范围和当期中标价格。二是有配套的产品更新机制和价格动态管理机制，从而保证在较长的协议有效期内实现产品更新和价格调整。框架协议既避免了一般的集中采购的低效率问题，还具有分散采购的便利化优势，较好地实现了物美价廉和采购效率的统一，已经得到越来越广泛的应用。德国 2008 年框架协议方式采购金额占采购总额的 20.4%[①]。框架协议也是西班牙政府集中采购的唯一模式，资金节约率达到约 10%，超过全国 7.8% 的节约率，采购周期一般为 15 天，是公开招标方式的 1/3，比一单一做方式为供应商平均节省 300 万欧元的综合折算成本[②]。

2. 采购方式从以公开招标为主发展到多种方式并存

大多数国家在政府采购运行初期主要采用公开招标的采购方式，进行集中采购，这的确是促进公平透明、提高资金节约率的最优选择。为了促进公开公平竞争，公开招标过程鼓励尽可能多的供应商参与招投标，并严格按照最低价格的标准评标，但用户所重视的质量、服务和效率等方面的需求难以体现，以致劣质产品、工程

---

① 徐进：《德国联邦政府采购的法律法规和特点》。http://www.ggj.gov.cn/hqzzs/zgjghq/2010/201003/201004/t20100406_270876.htm。

② 中央国家机关政府采购中心赴西班牙培训团：《成熟高效的西班牙政府采购制度》。http://finance.sina.com.cn/roll/20091201/19317041653.shtml。

和服务充斥于政府采购的项目中。针对这个问题，各国都探索补充新的方式到政府采购中。20世纪初，为了改变密封招标的最低价格采购结果与采购需求的不适应性，美国军事行业中最早引入竞争性谈判，并于1984年正式取消了密封招标方式在政府采购中的优先地位，以框架协议等多种灵活的方式进行采购。英国规定政府采购可以自行决定最符合合同要求的竞争形式，以最合理的价格采购所需商品和服务。

3. 从重视过程和程序到重视合同

重视采购的过程和程序与追求价格最低的采购原则和集中采购及公开招标方式是相生相伴的。过去西方国家主要采取公开招标方式，由于追求公平竞争和透明，过度地强调了竞争的程序和过程，不仅效率低、成本高，而且招投标合同的标准和细节往往被忽视，导致用户满意度低。

当前，西方国家更重视合同的管理。例如，美国政府采购制度重视政府采购合同建立和管理过程的完整性，并接受合同过程的完整性和效率的权衡，以使公众对政府采购制度的公开、公平和公正性充满信心。美国《联邦采购条例》、欧盟采购指令等对于合同类型、合同授予标准、合同选择机制、需求描述、履约验收和争议处理等合同执行过程中可能出现的问题作了详细规定。重视合同大大增强了政府采购的可操作性，更好地实现了"绩效最优"的采购目标。在美国应用最广泛的框架协议中，详细规定了配置标准、产品价格、送货方式、供货周期和售后服务等具体条件和细节要求，简化了采购流程，缩短了采购周期，提高了采购效率，降低了采购成本。

（三）设立地位较高的集中采购管理和执行机构

从机构设置看，大多西方国家和地区大多实行管采分离的管理模式，设有地位较高的政府采购管理部门，统筹政府采购管理事务，以及专门的采购执行部门。例如，美国的财政部下设政府采购政策办公室、英国的内阁办公室下设效率与改革组等直接指导政府采购。此外，一般都设置了专门的政府采购执行机构。例如，美国联邦总务署，英国效率与改革组下设政府采购署等政府采购的独立执行机构，实施采购和统一管理等等。

从运行模式看，主要有以下特点：第一，各国的采购部门和采购机构基本上为国家机构，并且由于政府采购的权威性，较少采取社会机构参与采购。在采购中，集中采购机构以"采购人"身份进行采购，具有较强的主体地位，对供应商的选择、价格谈判都具有较强话语权。而且美国、英国等国家没有招标公司，政府机关可以直接发标。同时，人力资源充足的专业化的采购队伍也是不采取市场化的保证，如美国联邦服务总署采购人员就达到了20万人。第二，一些集中采购机构通过收取服务费的方式向各部门提供有偿服务。如美国联邦服务总署的资金只有1%来自国会拨款，大部分来自其提供的产品和服务费用。第三，大多数国家的政府采购人员为公务员编制，德国等国家也采取了公务员承担重要工作，并结合雇佣聘用制人员参与采购工作的方式，以更好地保障政府采购的执行。

（四）建立了可操作性较强的法律体系

在政府采购发展的早期，各国一般没有专门的政府采购法律法规，相关的法律规定逐渐地散见于各类不同的法律法规中。以美国为例，自 1809 年起，美国制定的与政府采购直接和间接相关的法律、法规已多达 4000 多部，形成了在宪法指导下，法律、法规、实施细则三个层次，以及联邦和州两级的政府采购法律体系，涉及了政府采购的各方面内容。例如，《购买美国产品法》（1933 年）规定政府机构购买本国的货物和服务的要求和国货的定义。《联邦政府行政服务和财产法》（1949 年）规定了监管联邦政府合同的程序性要求，例如制定计划和鼓励中小企业参与等。《合同竞争法》（1984 年）规定合同要采取全面、开放的竞争方式。此外，围绕政府采购的各个过程和环节，美国还颁布了《信息自由法》、《诚实谈判法》、《劳动法》、《中小企业法》、《克林格—科恩法》等法律，以及《贪污受贿、渎职及利益冲突法令》、《反回扣法令》、《及时支付法令》、《司法平等法令》等。

随着政府采购的发展，各项有关政府采购的规章散见于众多法律中难以操作，美国、日本、德国等很多国家将有关规定综合和细化，出台了专门的采购法规，对政府采购提出了详细的指导细则，增加了法律法规的可操作性。《联邦采购条例》是美国政府采购最重要的采购法规，详细地规定了政府采购的制度和政策。日本 1980 年颁布了"有关政府采购货物或特定服务特别程序的命令"和"实施细则"规范中央采购机构的采购行为，1995 年颁布了"地方自治法施行令"特例实施细则规范地方采购。这些法规条例具有很强的可操作性，对采购环节可能发生的情况进行了详细的界定和说明。德国也围绕《政府采购法》，建立了包括《反限制竞争法》、《联邦预算法》、《政府采购条例》、《建筑业招标法》等在内的政府采购法律法规体系。

也可以说，很多西方国家政府采购法律体系是以政府采购法律法规为核心、各领域法律法规作为支撑的，指导意义较大、可操作性强并且较为健全的法律法规体系。

（五）政府采购的政策目标从缺乏到明确

政府采购早期没有明确的政府采购政策目标，如今即使加入GPA 的大部分国家也普遍积极地在政府采购体系中谋求对本国产业、中小企业以及节能环保等政策目标的支持。

政策目标从缺乏到明确的变化主要有如下原因：一是政府采购在一国经济发展中的重要性迅速提升。政府采购初期的主要目标是节约财政资金，而随着政府采购范围的不断扩大以及采购量的增加，大多数国家政府采购额占 GDP 比重达到 15% ~ 20%[①]，其中发展中国家和转型国家占比甚至达到 30% ~ 40%[②]，政府采购逐渐成为各国经济的重要组成部分，成为各国政府干预经济的重要工具。政府采购对于支持本国产业发展、促进中小企业创新发展、促进环境保护等政策目标能发挥重要作用。二是跨国采购促使各国保护本国经济。政府采购初期，各国采购主要局限于国内，没有发展到跨

[①] OECD, *The Size of Government Procurement Markets*, 2001.

[②] William E. Kovacic, "Competition Policy, Consumer Protection, and Economic Disadvantage," 25 *Washington University Journal of Law & Policy*, 2007, pp. 101 – 118.

国采购。贸易自由化的发展和国际性采购协议制度的建立促使越来越多非歧视性规则出现。为了保护民族产业、中小企业和相关产业发展，应对经济危机的冲击，各国纷纷借助政府采购发挥政策作用。2008 年全球金融危机以来，以美国的一揽子投资计划等政策为代表的各种经济刺激政策，充分发挥了利用政府采购加快经济复苏的作用。三是中小企业的重要地位和作用是在经济发展中得到确立的，支持节能环保等绿色产业、加大力度保护弱势群体等也是随着社会发展而形成的理念。通过政府购买的方式，对中小企业产品和创新产品以及绿色产品等进行采购，对于促进中小企业发展和转型升级，保护环境，促进社会和谐稳定具有积极作用。

尽管受到 GPA 等国际制度的规范，西方很多国家都出台了制度和法规，以实现政府采购的政策目标。近年来的欧盟公共采购指令也提出了扶持中小企业的修订条款。比较有代表性的是美国、日本和英国的政府采购政策。

美国的政策目标和做法主要有：一是支持购买国货。《购买美国产品法》要求美国联邦政府采购购买美国产品，并定义了国货标准为原产地规则。加入 GPA 和开放国内市场后，该法不再适用于对等开放的国家和地区，但对于其他国家和地区仍适用。同时，低于开放门槛价的采购项目（如货物为 13 万特别提款权，约合 17 万美元），要求仍应购买美国产品。二是扶持中小企业参与政府采购。10 万美元以下的政府采购合同优先考虑中小企业，并对中型、小型企业分别给予6%、12%的价格优惠。三是包括保护残疾人等弱势群体所在的特殊产业，限制不友好国家的产品，绿色采购等其他政策目标。

日本提出了很多高于 GPA 标准的采购规定，同时充分利用法规的"例外"条款，保护本国产业发展，主要做法包括：一是充分利用例外条款。将国内采购法规中的例外性合同列为不适用采购法律法规的范畴。二是将相关机构例外。通过谈判将有关机构作为 GPA 的例外机构，从而可以不履行公开招标的采购方式。这些机构主要是以盈利为目的的特殊法人以及不受政府监督的机构。三是通过未纳入政府采购法规适用范围的"第三种机构"进行政府采购[①]。"第三种机构"是大量性质接近于政府机构的、由政府机构与民间企业合办的机构。这些机构每年承担巨额采购任务，但未被纳入日本国内政府采购法规和 GPA 的适用范围。充分发挥例外条款的作用有效地规避了来自外国产业和产品的竞争，对保护日本本国产业起到重要支持作用。

英国强调发挥政策目标要保证公平竞争，2008 年之前没有针对中小企业的特殊优惠政策。2008 年金融危机以后，在扶持中小企业方面有了较大进展：一是允许中小企业免费使用政府采购网，降低企业参与政府采购的成本；二是 2012 年起，对 10 万英镑以下的采购项目免除资格预审程序，帮助中小企业减轻负担并集中精力做好经营；三是向中小企业提供名为"赢得合同"的免费网络培训，帮助企业更好地参与政府采购[②]。

综合来看，各国都非常重视政府采购的政策功能，并通过降低门槛、采购比例要求、例外条款、免费培训等方式对有关群体进行

[①] 资料来源：http://www.ccgp.gov.cn/wtogpa/govpzd/1166400.shtml。
[②] 郭俊杰，张先迪："英国政府采购概况"，《中国机关后勤》，2013 年第 3 期。

政策扶持。

（六）电子化采购给政府采购带来变革

电子化采购是近二十多年来给政府采购带来较大变革的里程碑。传统的采购方式主要依赖人工和纸质媒介，文件依靠纸质交流和存档，招投标、合同签订以及协商联系等所有采购环节都需要借助大量人工完成，导致采购的周期长、成本高、效率低、透明度低，一些采购出现了随意性强和人为操纵等问题。随着电子和网络技术的发展，通过电子化提升政府采购的效率和质量为各国所重视，在政府采购领域掀起新一轮的改革。

电子化采购简化了传统采购的流程，大大提高了采购过程的透明性，实现了对价格的实时监控和管理，对预防腐败也起到了重要的作用。电子化主要包括电子化采购平台和采购数据库系统。电子化采购平台是信息发布、进行采购的重要载体。数据库系统主要包括对供应商、产品和服务、采购文档及采购记录等数据的存储和分析。电子化采购的信息数据公开、便于传输和及时更新，不仅能够方便地开展网上采购、网上竞价等采购业务，而且能够实现产品市场价格监测、供应商诚信档案记录等功能，不仅提高了采购效率、提高了透明度，而且解决了部分价格变动较快产品的采购价格问题，对促进政府采购达到"绩效最优"的目标效果显著。例如，自2000年11月起，韩国实施了电子招标制度，2002年起，要求所有的政府采购必须通过采购厅建立的"国家卖场"网站进行。在"国家卖场"网站上，所有的采购需求和过程信息都向社会公布，透明度非常高，大大提高了政府采购的绩效。韩国形成了从一条龙服务的电子采购系统，每年有87%的项目通过电子采购平台完成①。1994年起，欧盟开通了《电子招标日报》，专门在互联网上进行信息发布，电子化采购在欧盟各成员国中得到较大推广。据欧盟统计，借助电子化采购的平台，能够促进实现提高效率、促进公平竞争和公开透明，进而节省5%的采购经费。

电子化采购是新型业态，需要较完善的法律、技术和信息安全保障，因此采购电子化的兴起带来全球法律体系的变革。采购电子化是近年来《联合国采购示范法》的重点修改内容之一。最新一轮的《欧盟公共采购指令》修订也重点提出通过电子化招投标提高采购效率的问题。美国是推行电子政务最早的国家之一，1993年起，陆续发布了一系列与电子采购有关的法律法规。如世界上最先授权使用数字签名的法案《数字签名法》（犹他州，1995年），专门针对电子政务的《信息技术管理改革法和联邦采购改革法》（也叫《克林格—科恩法》）等等。鉴于电子化新型业态的特点，欧盟前瞻性地将电子化采购划分了三个阶段，制定了三个目标，并设立了《电子签名法》等法律保护用户信息安全。

此外，电子化采购对于采购制度也提出了新的要求。主要体现在管理部门需要对电子化采购网站上的数量庞大的供应商、产品、工程、服务的资质、质量以及可信度进行管理，以确保采购过程实现绩效最优。韩国在电子化采购方面有很多经验可以借鉴：在产品方面，韩国采购厅建立了《优秀商品选定制度》体制，由官员、教

---

① 姬新龙："韩国：构建'国家卖场'一站式交易制度"，《经济参考报》，2010年7月6日。http://jjckb.xinhuanet.com/gjxw/2010−07/06/content_233362.htm。

授和行业专家组成的评审委员会对商品进行评估，70 分以上的产品才能获得供货资格，产品每三年评审一次；在供应商管理方面，根据供应商监督管理情况，定期剔除不合格的供应商，从而保障电子化采购平台上销售的都是"精品"。

二、国外经验对我国深化政府采购体制改革的启示

我国政府采购起步比较晚，2003 年开始实施《政府采购法》，2007 年底申请成为 GPA 的观察国。《政府采购法》实施十多年以来，我国的政府采购取得了较多成绩，也面临一些问题和瓶颈，现在到了改革政府采购的关键时点。在改革开放的大背景下，如何扬弃各国经验做法，推进我国政府采购改革，将成为我国政府采购未来发展的关键。应充分借鉴国外先进的经验做法，积极推进政府采购改革，特别是针对国外政府采购发展历程中的重点问题，结合我国国情加强顶层设计，明确改革内容，完善现有的制度体系。

（一）政府采购原则要从单纯注重节支防腐向实现绩效最优转变

当前我国的政府采购基本原则是：公开、公平、公正和诚实信用，以提高资金节约率和防止腐败为主要目标。这主要因为：一是我国政府采购处于初级阶段，发展政府采购主要为了达到节支防腐的目标；二是"绩效最优"是一种先进的采购理念，其运行需要一套规范的制度体系，而目前我国还不具备"绩效最优"所需的健全

的制度体系，不具备实现"绩效最优"目标的条件。在西方发展政府采购的历程中，单纯追求资金节约率的原则在短期内起到了节支防腐的目标，但也出现了一些问题，包括：一味追求最低价格，致使采购效率低、质量差、服务不到位、采购项目全生命周期成本高、使用者满意度低、难以实现政策目标等问题。我国目前的政府采购中也出现了诸如价高质次、维护成本高昂、围标串标等相关问题。

采购原则是政府采购体系的核心。纵观西方国家政府采购200多年的发展历程，普遍经历了从单纯追求资金节约率到"绩效最优"多元化原则的转变过程。我国的政府采购起步晚，采取现有政府采购原则也是出于适合国情的现实考虑。但是，在《政府采购法》颁布十年多之后，中国的政府采购面临了一些问题、瓶颈和挑战，发展到一个新的历史节点上。中国可以更好地发挥后来者优势，借鉴经验，结合国情，以完善政府采购原则为核心，实现政府采购跨越式的发展。

针对现有问题，在当前及今后一段时期，我国也应逐步将政府采购原则从单纯地注重节支防腐向实现"绩效最优"的多元化原则转变。建议建立实现"绩效最优"的时间表，评估政府采购的发展阶段及不同阶段里采购原则的改革进度。此外，还应加强以"绩效最优"原则为核心的顶层设计和支撑体系，如对"绩效最优"的定义、标准，实现"绩效最优"的制度体系，包括健全的法律体系、完善的监督管理体系、规范的采购制度、科学的采购程序和方式、规范的供应商管理系统以及采购评价制度、明确的政策目标及保障制度和措施等等。

（二）加强采购方式的科学设计

当前，我国政府采购还刚起步，主要以集中采购为主，集中采购又主要通过公开招标方式实行。通过集中各方需求统一采购虽然大多数情况下实现了低价目标，但有的采购项目却出现了质量保障不够、后续服务不到位、产品和服务的全周期成本较高以及总体上效率比较低等问题。未来一段时间，随着条件的成熟，我国应借鉴国外做法，逐步地从集中采购为主向集中和分散相结合、从以公开招标为主到公开和选择性招标相结合。目前，应特别注重从重程序向重合同转变，加快建立框架协议的采购模式。

在节支防腐原则的指导下，我国的采购方式主要以集中采购和公开招标为主，有以下原因：一是我国政府采购的法制体系、监督管理体系还比较薄弱，无法对大量分散采购进行有效的监督管理；二是我国实施政府采购时间还较短，目标主要为节支防腐，集中采购和公开招标也的确是较好选择。这些采购方式在一段时期内确实起到了集中需求、实现节约财政资金和防止腐败的作用，但是由于我国政府采购部门多、体量大，集中采购和公开招标反映出采购周期长、总体成本高、重视最低价格却忽视市场价值规律、重视采购程序但忽视合同标准和细节等方面的问题。政府采购也出现了因采购到一些劣质商品、工程和服务受到诟病的情况。

国外很多国家和地区也经历过类似发展阶段，采购方式的选择是实现"绩效最优"的重要保障。随着法制的健全和制度体系的完善，在"绩效最优"的原则指导下，很多国家和地区将采购方式从集中采购调整为集中和分散采购相结合，并允许多种方式共存，在此基础上提升了对合同的重视。特别是，兼具集中采购和分散采购优点的框架协议的广泛使用大大促进了政府采购的科学化、便利化发展，既保障了低价，又提高了效率。

我国可以借鉴这些国家的做法，加强对采购方式和采购合同的规范，逐步实现"绩效最优"的目标。采购方式的安排可以参考美国和英国做法：一是采用框架协议采购方式，完善我国的协议供货方式。与框架协议相比，我国的协议供货时间较短，一般不到一年，并且协议供货规定价格上限，采购机构很难获得最优价格。应借鉴框架协议做法，建立长期的合同，并形成完善的市场化价格调整机制，保证采购单位获得最优惠价格。二是对于价格是主要因素，并且合同标准易于确定、合同比较容易的采购项目，继续采取集中采购和公开招标方式，同时既要重视采购程序又要加强重视合同；三是对于比较复杂的采购应考虑集中采购和分散采购相结合、对于非常复杂的可以考虑由部门集中采购或者分散采购的方式，并根据不同情况选择竞争性谈判等选择性招标方式；四是应明确评标专家权利责任，加强对评审专家的监督，避免权责不对等。除此以外，与美国的《联邦采购条例》相比，我国的《政府采购法》对于合同的规定欠缺较大，采购者缺乏可操作性的指导，应尽快出台细则，加强对合同条款、合同标准、招标文件规范、合同履行和投诉处理等方面的规定，加强对采购方式和合同的制度规范。

（三）理顺政府采购管理和执行机构关系

我国政府采购管理机构设置存在较多问题：一是各级政府和部

门集中采购机构隶属关系不清晰，有的地区管采没有分离。如，各级政府有集中采购机构，部门有部门集中采购机构，还存在大量社会代理机构。由于不同地区采购机构可能隶属不同性质单位，还导致采购执行机构存在多种人员编制形式。二是集中采购机构在采购中地位尴尬。比起西方国家和地区，我国的采购机构一方面对于供应商的议价话语权不够，主要体现在价格控制、供应商管理能力方面还较为薄弱，另一方面与采购人之间还存在委托代理问题，执行采购人需求但是常被定位为采购代理机构，集中采购机构的主体地位得不到保障。三是采购能力不足。虽然通过购买服务方式采用了大量社会化代理机构，但对其管理和规范不够。与美国联邦服务总署的20多万人的采购官队伍相比，我国的政府采购人员，尤其是专业化的采购人员严重匮乏。很多地区的采购执行机构只有几个人，却要执行整个地区的采购事务。另外，政府采购执行机构缺乏对专业化采购人员的培训和管理，采购人员水平参差不齐，制约了采购绩效的提升。向社会化代理机构购买服务是推进政府职能改革、发挥市场作用的重要方式，近年来我国的社会化代理机构发展较快，但还缺乏对其有效的规范和管理办法。

很多发达国家一般都采用政府集中采购机构，市场化较低，这与这些国家政府采购比较成熟，采购专业化程度较高，采购人力资源丰富有重要关系。我国目前采购人员缺乏培训和资质、数量欠缺，应发挥好社会代理机构的作用。当前及未来一段时间，一要理顺政府采购管理和执行机构关系，完善集中采购机构设置，统一人员编制。二要加强专业化人才队伍培养，借鉴美国采购官制度，形成完善的采购人员培养体系。三要加强对社会代理机构的监督管理，出台相关规范措施，形成政府集中采购为主、部门集中采购和自行采购为辅，规范和发挥社会代理机构积极能动性的管理格局。

（四） 尽快形成可操作性强的政府采购法律体系

很多国家和地区其他领域的法律法规对政府采购进行了规范，并形成了专门的采购法律法规，因此其他法律与政府采购法律法规之间协调一致，形成对政府采购的有力支撑。

目前，我国的其他领域法律法规对政府采购的规范还不多，一方面法律法规体系不够健全，可操作性和指导性比较弱，另一方面现有法律法规也存在一切矛盾，有待修订。例如，《招投标法》虽然涉及较多的政府采购内容，但主要是针对工程问题，并且与《政府采购法》存在一些冲突。《政府采购法》缺乏细则支撑，可操作性仍比较薄弱。

健全的法律体系是实行"绩效最优"指导原则的重要保障。借鉴美国、日本等国家的经验，我国应加强法律法规体系的顶层设计，健全相关法律法规体系，在相关法律法规中体现政府采购的规范和要求，实现相关法律法规的一致性。还应尽快出台采购法实施细则，提高对政府采购的可操作性和指导性。此外，要在 GPA 框架里制定和修订相关法律法规，尽快实现国内法律法规与 GPA 的无缝对接。特别是，在《政府采购法》的基本框架下，我国尚需制定一些具体的办法和细则，对采购过程进行规范，提高采购指导的可操作性。建议我国政府采购法律法规体系完善涉及以下内容的指导规范办法，例如信息发布、采购机构、社会代理机构管理、采购方式要求、招投标办法、合同管理、评标采购人员管理、供应商管理、评标专家管理办法等等。

（五）政府采购应形成 GPA 指导下的有针对性的政策目标

很多西方国家经历了从缺乏政府采购的政策目标到重视和明确的过程，尤其是对于本国产业、中小企业、创新产品、节能环保等等的保护。随着全球经济发展，通过政府采购进行国家经济干预已经成为各国通行做法。西方国家做法对于我国推进政府采购的政策目标有几方面启示：

一是要有明确的政策目标。目前政府采购法中虽然对政策目标有规定，但可操作性较差。如我国对支持中小企业参与政府采购的规定仍较粗，缺乏对国货和创新的明确认定，政府采购法中对企业参与资质的要求也将很多刚成立的中小企业拒之门外。应按照国际通行规则和惯例，建立和明确对国货、自主创新产品、节能环保产品的可操作性强的认证标准，对于一些领域降低资质门槛，鼓励中小企业参与。

二是应科学设计实现政策目标的制度和办法。在这方面，一些发达国家提供了很好的经验借鉴，如对政府采购执行标准高于 GPA 的日本，以及法律体系非常完备的美国，都通过制度设计保障实现政府采购的政策目标。对于我国的借鉴意义主要在于：首先，联合国公共采购示范法近期的修改对发展中国家政府采购的政策目标予以包容，我国在准备加入 GPA 的前提下，应参照 GPA 规则，积极借鉴美、日等国家和地区做法，通过合理安排例外条款实现政策目标，包括对例外性合同、例外性机构的规定，降低国货和中小企业及创新产品的门槛等等。同时，结合中国国情，对于国有企业等具备政府背景、采购量大的机构，应使其成为政府采购的类似日本采用的"第三种机构"，从而实现政策目标。

（六）增强法律、技术和安全保障，加大执行电子化采购力度

我国目前已经建立起了电子化采购的平台和数据库，但是目前还存在一些问题，体现在：一是法律法规保障还不完善。虽然出台了电子化采购的一些规定，但仍然无法满足行业快速发展的需求。二是尚未建立全国统一的电子化政府采购管理交易平台，与工商、税务、审计等各部门信息资源共享不够，资源运行效率有待进一步提高。三是对电子产品等价格变动较快的产品价格监控不足，未形成有效的价格监管和调整机制。四是电子化执行力度还不够强。

电子化采购的成功应用应有法律、技术和安全保障，加强制度前瞻性设计。借鉴国外经验，参照《联合国采购示范法》和欧盟公共采购指令对于电子化采购的修订内容，对我国的电子招投标办法等有关电子化采购的法律法规进行修订完善，保障电子化采购的发展有较强的可操作性指导规范和有力的法律保障。

鉴于电子化采购的快速发展，对其立法既要着眼于眼前的规章制度，还应该有前瞻性的指导规范，规划电子化采购的发展阶段和目标。其次，应逐步建立全国统一的电子化政府采购管理交易平台，加强资源整合和资源共享。允许一些地方平台共享中央集中采购的资源，提高资源使用效率。参考韩国的《优秀商品选定制度》，建立商品筛选机制，加强对电子化采购产品质量的管

理。还需加强对电子化采购的监督管理，实现提高资金节约率的采购目标。此外，要加强电子化采购的执行力度，可以借鉴韩国国家卖场的做法，为公共部门提供更人性化的电子化服务平台，推动实现政府采购全部电子化，从而更好地实现"绩效最优"的政府采购。

执笔：宗芳宇

专题九
政府采购的法律体系建设

我国 2003 年颁布的《政府采购法》使我国政府采购进入依法采购体制，十年来政府采购面临的国际国内环境发生了许多重大变化，该法不适应新环境的问题也越来越突出，亟须修改。本报告第一部分介绍《政府采购法》的发展背景、历程和主要内容。第二部分分析新时代背景下《政府采购法》存在的重大不足；第三部分探讨《政府采购法实施条例》不能完全解决法层面的不足，《政府采购法》亟须修改；第四部分就《政府采购法》修改的原则和几个方向给出建议。

一、政府采购法的发展历程和主要内容

（一）政府采购法的发展背景和历程

为了规范政府采购活动，也为了逐渐与国际接轨，20 世纪 90 年代中期以来，中央和地方政府都开始尝试制定政府采购的有关规范性文件。上海市率先实行政府采购的试点工作，深圳市政府 1998

年制定了第一部有关政府采购的地方性法规，云南、上海以及北京也随即出台了自己的地方性政府采购法规。《政府采购法》出台之前，全国有近 30 个地区制定了政府采购的地方性法规。

1999 年开始，规范全国政府采购的制度性文件逐渐出台。财政部 1999 年 4 月 21 日颁布了《政府采购管理暂行办法》，较为全面地规定了政府采购的有关活动。随后，财政部又出台了《政府采购合同监督暂行办法》、《政府采购品目分类表》、《政府采购招标投标管理暂行办法》、《政府采购公证处公告管理暂行办法》以及《政府采购运行规程暂行规定》等系列规章；全国人大常委会 2000 年通过了《中华人民共和国招标投标法》；国务院和有关部委随后发布系列文件，对招投标过程做出了具体的和细化的规定。中国人民解放军总后勤部 2000 年发布的《总后勤部军用物资采购招标管理暂行办法》，成为军用物资采购过程中必须遵守的规范。2002 年 6 月 29 日第九届全国人民代表大会常务委员会第二十八次会议通过了《中华人民共和国政府采购法》，自 2003 年 1 月 1 日起施行。《政府采购法》及系列政府采购法规、规章构成了我国政府采购的法律体系和基本框架，为我国政府采购活动的依法进行提供了法律上的保障。

（二）政府采购法的主要内容

该法对政府采购的目的、范围、当事人、政府采购方式、政府采购程序、政府采购合同、质疑与投诉、监督检查、法律责任问题都做出了明确规定。

根据《政府采购法》第 1 条，我国《政府采购法》的立法目的包括以下三点。一是提高政府采购资金的使用效益；二是保护政府采购当事人的合法权益；三是促进廉政建设。政府采购是公共财政支出行为，政府一般不会有商业企业那样关注成本效益的自发动力，需要一定的法律制度来督促其谨慎、有效率的使用财政资金。提高政府采购资金的使用效益也曾是很多国家《政府采购法》（如德国、英国等）最初主要立法目的。但随着政府采购规模的日益扩大，巨额采购项目能够影响相关产品市场上供应商之间的竞争结构，因此保障采购当事各方，比如供应商或者投标人在政府采购程序中的平等机会和公正待遇，维护其合法权益就也成为政府采购法的一个重要目的。此外，完善政府采购的相关决策和财政支出体制，建立关系人的回避制度，通过严格、明确的程序防范政府采购运作中的腐败现象是各国政府采购法的一个重要目的，在我国更是得到明显的体现。

合理界定《政府采购法》的规范范围非常重要。从国际层面看，置于《政府采购法》范围内但又属于 GPA 约束例外的采购活动可以优先购买本国产品而无须顾忌国民待遇等原则。根据第 1 条第 1、2 款以及第 27 条，本法所称政府采购，是指各级国家机关、事业单位和团体组织，使用财政性资金采购依法制定的集中采购目录以内的或者采购限额标准以上的货物、工程和服务的行为。因此我国适用范围是：采购人是国家各级机关、事业单位和团体组织；采购资金须为财政性资金；采购内容为集中采购目录之内的或者一定采购限额标准以上的货物、工程和服务。此外，该法将一些采购活动排除在《政府采购法》的调整范围之外，包括因突发事件或者自然灾害进行的紧急采购或者其他涉及国家安全和秘密的采购（第

85 条），以及军事采购（第 86 条）等。为了防止采购人将大的采购项目拆解成采购限额标准以下的多个项目来规避《政府采购法》的适用，该法第 28 条明确规定："采购人不得将应当以公开招标方式采购的货物或者服务化整为零或者以其他任何方式规避公开招标采购。"采购限额我国目前尚无统一规定，各地实际操作的限额都较低。如上海市《2000 年政府采购目录》规定：单项采购金额超过 5 万元或以一级预算单位汇兑统计年批量采购超过 100 万元的货物；合同金额超过 100 万元的土建、安装、装饰、市政道路等各类工程；单项金额超过 50 万元的服务。

采购方式方面：我国《政府采购法》有六种采购方式，包括公开招标、邀请招标、竞争性谈判、单一来源采购、询价、国务院政府采购监督管理部门认定的其他采购方式。公开招标是主要采购方式，但只有三个条款对其程序做出了笼统、模糊的规定；其他采购方式的规定更加笼统和原则。

《政府采购法》在总体框架上包括了确定采购需求、建立采购合同，关系到结束采购活动的全部过程。与《招标投标法》相同的内容《政府采购法》不再规定，主要规定货物和服务的采购程序。政府采购管理程序的内容包括政府采购项目及资金预算编制程序，对供应商履约的验收程序，采购文件的保管程序。《政府采购法》规定的政府采购合同订立程序包括招标投标程序、竞争性谈判程序、单一来源采购程序和询价采购程序。

我国《政府采购法》也规定包含质疑和投诉在内的救济制度，但质疑主体仅限于采购文件、采购过程、成交结果使得利益受到实际损害的供应商，这将潜在利益受损的供应商排除在质疑投诉主体范围之外。我国受理质疑的机构是政府采购实体或采购代理机构，当质疑供应商对采购人、采购代理机构的答复不满意或者采购人、采购代理机构未在规定的时间内给出答复的，可以向同级政府采购监督管理部门投诉，即各级人民政府财政部门。

二、《政府采购法》存在的重大不足

《政府采购法》实施10年来，在规范政府采购行为方面成效突出，但由于政府采购在我国发展时间短，有关制度制定主要参照国际经验，制度与现实的吻合度有待提高，因而政府采购法实施以来，政府采购仍然存在"质次价高效率低"等颇受诟病的问题。

此外，政府采购在国际和国内的快速发展也对《政府采购法》提出了新要求。首先，政府采购的规模迅速扩大，进入公共服务购买和公共资源配置的阶段，现行《政府采购法》忽略的政策功能的重要性日益凸显。其次，电子技术的发展也为政府采购法提出了新的要求；第三，政府采购市场也面临对外开放的压力。

1. "重程序，轻责任"

这是造成政府采购"质次、价高、效率低"的主要制度因素。现行制度将政府采购行为分割成多个环节，采购人委托集采机构采购，集采机构又委托专家委员会评标定标。专家评审委员会在很多采购中已成为了采购人和采购机构违规操作的"挡箭牌"或"替罪羊"。实践证明，这种程序上的分割在出现问题时难以找到最终责任人，采购人责任缺位也使得供应商敢于提供与采购要求不符的产品。

2. 与《招投标法》冲突

《政府采购法》与《招投标法》在监管主体、招标适用条件、供应商资格、招标代理机构、废标及其处理、法律责任等方面规定均存在冲突。法律层级更低的《招标投标法实施条例》的出台并未能解决两者之间的冲突，也不可能解决两者之间的冲突。管理职能看，按政府采购法，财政性资金的工程货物和服务都属于政府采购管理监督职能，但按招投标法，发改部门有权审定招标方式，建设、交通、水利、工信部等部门从事工程管理监督和具体招标职能，并且在该领域存在行政监督部门既是招标人又是管理者还是评审会组长的重位现象。

《政府采购法》规定政府工程进行招标投标的，适用《招标投标法》；各级国家机关、事业单位和团体组织，使用财政性资金采购适用《政府采购法》。《招标投标法》规定，在中华人民共和国境内进行招标投标的都适用《招标投标法》，即不管什么性质单位，不管何种资金来源，也不管是货物、工程还是服务项目，只要进行招投标，都要由该法规制。两部具有同等法律效力的法律，适用范围却出现了明显的冲突。

《政府采购法》对工程的表述不包括工程建设项目的勘察、设计和监理，将这些列入服务项目，但《招标投标法》将其列入工程项目，两者在工程概念上的界定不一致。

两法对投标人的选择规定也不一致。《政府采购法》要求通过随机抽取的方式选择 3 家以上的供应商，《招标投标法》规定招标人可自行决定 3 个以上的投标人，这为"权力寻租"预留了空间。

事后救济方式规定也不同。《政府采购法》要求供应商认为权利受到损害必须先向采购人、采购代理机构提出质疑，供应商对答复不满意或者在规定时间未答复的，才可向同级政府采购监督管理部门投诉。《招标投标法》未规定此前置条件，认为权利受损的供应商可以直接向招标人提出异议也可向有关行政监督部门投诉。

3. 未体现电子技术为政府采购带来的新变化

电子技术的普及使得电子采购在国外政府采购中得到普遍应用，并逐渐受到许多国际经济组织的高度重视。比如联合国国际贸易法委员会对政府采购与电子商务领域的立法《货物、工程和服务采购示范法》、《电子商务示范法》等，在如下几个方面发展了新的规则：①电子采购程序、电子采购文件和电子注册以及采购项目分类方法；②冲突的解决方法；③电子化政府采购安全标准，机密和隐私的保护，用户和知识产权的保护；④数字（电子）签字的法律效力；⑤电子化政府采购的税收政策①。

政府采购的电子化也已成为我国政府采购的重要发展趋势。《政府采购法》）由于出台较早，并没有结合当下迅速发展的因特网技术给予在政府电子采购行为上一定的制度体系规范。因此目前急需制定相应的法律或政策来反映这些技术发展及应用带来的变化。

---

① 原再亮："电子化政府采购的国际比较及对中国的启示"，《中南财经政法大学研究生学报》，2006 年第 6 期。

4. 《政府采购法》中的政策功能缺乏坚实的法律基础

联合国示范法最新修改版为反映各国重视政策功能这一趋势，新增了公共政策功能。我国的政府采购法第 9 条规定："政府采购应当有助于实现国家的经济和社会政策目标，包括保护环境，扶持不发达地区和少数民族地区，促进中小企业发展等。"但该法缺乏实现政策功能的完整思路，缺乏"国货"等基础性定义。这些缺失导致应对国际压力无措，比如撤销对"自主创新"的政策支持，也使各地执行标准不一。

5. 覆盖范围引争议

现行规定包括"货物、工程和服务"，但普遍反映现行规定不适应购买服务的特点和需要；采购主体目前为"政府、事业单位和团体组织"，有观点建议将"国有企业"等所有有财政性资金投入的主体都纳入。

6. 不能满足加入 GPA 的要求

GPA 关于政府采购的主体、范围以及救济方式和我国现行法规定均不一致。其他制度，如集中采购可能面临 GPA 带来的冲击，是否需要设置隐形壁垒来保护本国企业，这些都对《政府采购法》提出新的挑战。

三、《政府采购法》应尽快修改

财政部酝酿已久的《政府采购法实施条例》（以下简称《实施

条例》）征求意见稿在全面总结《政府采购法》实施经验的基础上，对采购程序、采购各方责任、监管、质疑投诉等诸多方面进行了细化、明确和完善。但是《实施条例》不可能解决《政府采购法》本身存在的一些重大不足。

首先，《实施条例》作为行政规章，法律层级比《招标投标法》低，因而《实施条例》的修正不可能解决《政府采购法》和《招标投标法》之间的冲突。这两法之间的冲突只能通过对两法之一或者同时对两法进行修改才能解决。

其次，《实施条例》不可能容纳新环境对《政府采购法》的新要求。电子技术、政府采购政策功能的加强以及 GPA 谈判对《政府采购法》提出了新的要求。作为《政府采购法》的操作性细则，《实施条例》不可能超越《政府采购法》创造新的法律制度，比如与电子采购相关的制度；更不可能去改变《政府采购法》的现有规定，比如改变事后救济制度以符合 GPA 的要求。政府采购政策功能的实现需要多种法律制度之间的协调和衔接，比如与创新有关的法律的衔接，与中小企业法律之间的衔接等，在《政府采购法》有关政策功能的整体思路缺乏的情况下，《实施条例》即使补充了有关政策功能的具体内容，在与其他制度衔接时也会存在法律层次不够的问题。

第三，《实施条例》现有内容是对《政府采购法》的有益补充，但是有些条款仍需商榷。其中，国货条款和质疑投诉是两个较为明显的例子。国货制度最早起源于美国。1903 年，美国运输优先法（Cargo Preference Act）要求美国联邦出资的货物运输，应优先使用美国登记在册的运输工具。经济大危机时期 1933 年，又制定了著名的购买美国国货法（the Buy American Act），以及随后 1981 年美国差旅飞行法（the Fly America Act）等要求美国联邦出资项目优先使用美国船舶、飞机，优先购买美国国货等。这些法律基本构成了百年来美国货物、工程、服务国货政策的核心内容。2009 年次贷危机，美国国会再一次全面强化美国国货政策。对国货的认定是国货制度的核心条款。《实施条例》征求意见稿注意到了这点，明确了国货认定标准，拟就货物、工程与服务，分别采用不同的标准进行认定。征求意见稿，对于本国货物的认定，采用从价百分比方法；而对于本国工程、服务的认定，则拟以提供者的国籍来进行判断，具有中国国籍者所提供的工程、服务即为本国工程、服务。《实施条例》首次提出国货认定标准，是制度建设的一大进步。

征求意见稿中，国货认定标准为从价百分比，即（产品出厂价格－进口价格）/产品出厂价格之比，表明国货应具备两个条件：一为中国境内生产的最终产品；二为国内生产成本须达到一定比例。这种百分比方法，有可能是参考了《中华人民共和国进出口货物原产地条例》，将其中规定的从价百分比拿来认定国货。但是政府采购市场的准入可以高于一般的市场准入。WTO《原产地规则协定》规定，政府采购货物的国货标准可以高于进出口货物的原产地标准，这也是虽然各国不断质疑，但美国仍频繁使用国货条款，并用来为自己辩护的核心依据之一。也就是说，根据国际条约和国际实践，我国的国货标准可以不同于进出口货物原产地条例的有关标准，可采取更高的标准。

美国货物国货认定采用的也是简单地从价百分比，但与中国的不同，其比值为原产材料价格与所有原料价格之比，核心在于货物原料成本价格，而非国内加工价值。该比值较为客观稳定，整个方法的操作也简便。

不论是《实施条例》里的现有标准，还是美国的标准，都不应成为我国的国货标准。表面上，美国采用简单的从价百分比，似乎没有考虑技术和知识产权因素，但这是基于从 1903 年美国就已成为世界强国，并技术总体占优的大背景。在美国企业和产品在技术及知识产权方面总体占优的情况下，美国国货标准不用再关注这方面，着重强调来自本国的原材料占比，基本上涵盖了国货政策需要保护的主要内容。我国恰恰相反，以我国原料并在我国生产的很多产品的技术及核心知识产权属于外国人，其主要利润被外国人拿走，比如耐克等名牌鞋的生产等。因而，现有这种标准不能发挥鼓励我国产业发展的最大效用。建议我国的国货标准要考虑技术和知识产权所占权重。

此外，征求意见稿规定"政府采购法第十条所称本国工程、服务，是指由中国公民、法人、其他组织提供的工程、服务"，即以供应商的国籍作为认定工程与服务的国货标准。当政府采购对象为工程或服务时，不仅涉及施工或工程设计等专业服务，还可能涉及工程材料或其他货物的采购，仅用工程或服务供应商国籍来确定工程与服务的国货认定，可能为其中所涉及的工程材料或其他货物规避货物国货采购规定提供了空间，从而弱化了国货采购作用。因此，可在该款后补充规定，工程或服务所涉及的货物在国货认定上仍依据本国货物的标准进行认定。

征求意见稿第七十三条规定，财政部门依法处理同级预算项目政府采购活动的投诉事宜。该规定未注意到上位法《政府采购法》

与《地方各级人民代表大会和地方各级人民政府组织法》（下称组织法）之间的协调。《政府采购法》规定，集中采购机构由设区的市、自治州以上人民政府设立，为同级人民政府的工作部门。未设立集中采购机构的地区，政府采购项目或交由上级人民政府设立的集中采购机构采购，或者交由社会中介机构采购。对于社会中介机构代理的政府采购项目，其投诉监管由采购项目预算同级的财政部门监管没什么问题。但对于由上级人民政府设立的集中采购机构采购的，并且供应商对集中采购机构作出的质疑答复投诉，如仍由政府采购预算同级的财政部门监管，效果不佳，客观上也形成了下级政府部门监管上级政府部门的错位现象，与组织法关于"县级以上人民政府领导各工作部门和下级人民政府工作"的规定不符。

《实施条例》作为行政法规，囿于法律位阶所限，不可能违背和改变上位法的规定，因而，《实施条例》的出台不可能解决《政府采购法》存在的重大不足。

在这种情形下，要落实十八届三中全会有关决定必须尽快修改《政府采购法》。《决定》明确提出要加大政府购买公共服务力度，加快政府采购等新议题谈判，形成面向全球的高标准的自由贸易区网络。习近平总书记多次指出"要先立后破"，制度的完善要在实践之前。尽快修改政府采购法，有利于《决定》相关内容的尽快落实，有利于解决政府采购中存在的诸多突出问题和难题，有利于加入 GPA 参与国际竞争的迫切需要。

四、修法的几个具体原则和方向

围绕实现"优质高效"和政策功能来进行新法的立法设计，以明确采购各方权责、注重新技术发展带来的影响为立法的主要支撑。

1. 强调责任，实现"质优价廉"

从注重程序性的环节分割转到注重相关方的责任承担方面来。完善负责采购工程、货物和服务的各监督管理部门的职责划分。完善采购人、代理机构、投标人、专家等采购链条上相关主体的法律责任。完善采购实体经办人员违法行为的行政责任。完善采购人、代理机构在制作采购文件、评标时倾向性、排他性的法律责任，明确投标人放弃中标的法律责任和不按照合同约定履行合同义务的行政责任。完善评审专家的法律责任，加大行政责任和增加民事责任。

2. 加强采购的信息透明度

《政府采购法》规定，公开透明是政府采购必须遵循的原则之一。财政部关于《政府采购法辅导读本》里解释公开透明是指：政府采购的法规和规章制度公开，招标信息及中标或成交结果公开，开标活动公开，投诉处理结果或司法裁决决定公开，使政府采购活动在完全透明的状态下运作，全面、广泛接受监督。但在现实中，政府采购的透明度远远不够。目前的法律、行政法规和规章都规定不得公开对投标文件的评审和比较、中标候选人的推荐信息等，并在招标文件中规定不解释供应商的落标原因，这些规定为一些人的暗箱操作和不合法不公平评审提供了法律上的保护。建议在《政府采购法》的进一步修改中明确透明化的具体要求：如明确采购公告发布的起止期限。完善政府采购信息公开的相关内容，采购预算、采购程序、评审和比较、中标候选人的推荐信息、供应商的落标原因、采购记录和质疑投诉都应当预以公开。

3. 注重新技术应用，促进"节支高效"

电子技术丰富了政府采购方式，能提高政府采购的效率。德国的电子采购目的是方便采购人、供应商接入国际采购系统，降低采购成本，内容包括搭建政府采购的网络平台、电子反拍卖、开放电子化市场。2002 年，德国内政部整合各联邦机构的采购信息平台，通过"联邦电子政府商场"网站提供一站式服务。采购人可以发布招标公告，查询供货信息，通过预先订立的框架协议实施网上采购，节省了与供应商联系的高昂成本。随后，德国政府有关部门联合研发了招标信息系统，将所有采购程序电子化，联邦机构采购全部通过网上进行。目前，联邦政府已形成了由供应商管理系统、电子招投标平台、联邦电子政府商场（电子购买平台）组成的电子化政府采购系统。推行电子政府采购后，联邦政府节省了 10% 的预算开支。我国目前仅有《电子签名法》和《电子招投标法》，这两项法律不足以规范电子采购在政府采购过程的适用，我国应参考联合国示范法和国际经验，把电子采购作为《政府采购法》修改的一项重要内容，认可电子采购方式的法律效力以及有关安全标准和普及标准等。

4. 创新制度，实现政府采购的政策功能

借鉴美国经验，结合鼓励国货的政策，在深入研究国际经验及国际条约赋予的空间下系统探讨首购、定购等促进本土创新的法律制度。重新启动和完善政府采购支持"本土创新"的制度体系。制定符合国情的"国货"定义，在考虑操作性以及我国对外承诺的基础上，探讨将本土知识产权纳入国货计算中占比因素的可行性。通过加大国货中对知识产权的权重因素，要求知识产权产自中国本土，以促进中国企业对创新的重视，引导外资企业将研发机构设置在中国。

5. 直面挑战，应对 GPA

可以考虑采购合同的救济方式按照 GPA 规定改变，有利于促进采购方的效率和公平。国外要求将国有企业纳入政府采购范围，我国可考虑将主要承担公共利益的国有企业纳入，这需要首先对国有企业进行更加清晰的分类。从"节俭"的理论出发，设置价格标准，形成有利于我国企业的隐形壁垒。还需要完善政策功能等有关防护性制度的建设。

6. 进一步完善其他技术性问题[①]

（1）通过明确采购程序和招标法规定的招投标之间的关系，调整两者之间的适用范围，化解与招投标法的冲突。《招标投标法》和《政府采购法》本身先天性的缺陷，并不能通过制定《招标投

---

① 李建厂："《政府采购法》和《招标投标法》的修改与完善"，内部沟通文稿。

标法实施条例》和《政府采购法实施条例》以及修改相应的部门规章来弥补。因此，应当考虑从根本上解决问题，同时修改《政府采购法》和《招标投标法》。对现有《招标投标法》、《招标投标法实施条例》和《政府采购货物和服务招标投标管理办法》（财政部令第18号）规定的公开招标和邀请招标程序进行修改完善。完善邀请招标的程序、联合体投标的规定、资格预审文件或者招标文的发售期限、中标通知书的领取和送达、合同的履行和备案。完善五种采购方式适用条件及由公开招标和邀请招标变更为对竞争性谈判、单一来源采购、询价采购方式的条件、程序和管理；其中废除适用邀请招标关于采用公开招标方式的费用占政府采购项目总价值的比例过大的条件，增加工程采购限额标准以下项目可以适用竞争性谈判、单一来源采购、询价采购方式的规定。修改完善现有的竞争性谈判、询价采购程序，完善竞争性谈判和询价采购程序中被邀请的供应商来源方式、谈判和询价邀请的方式、谈判和询价文件的发售、响应文件的递交、谈判和询价的具体程序、谈判和询价失败的处理。制定单一来源采购程序。

（2）完善专家库建立的条件、主体以及责任，建立国家、省、市三级统一的专家库，实现专家库资源的共享。完善专家的入库条件和抽取程序。评审专家不仅把"专家"看成是一种荣誉，而且也是赚取评审费用和额外费用的手段，因此，对特定的供应商有着紧密的联系。评审专家不专，不是行业的专家，对产品的现有技术和市场行情不了解，不能从投标人的投标文件中看出存在的问题。商务专家对有关的法律和政策不了解，想当然地认定投标人的资质等。评审专家权利大，但获取的利益和承担的法律责任小，权利、义务和责任不对称，特别是法律责任规定的违法成本小，存在侥幸心理。

（3）供应商管理方面。明确供应商参与政府采购的条件，完善非独立企业法人的其他组织、事业单位参与政府采购的条件；明确对关联企业参与政府采购项目的禁止性要求；对联合体投标行为的条件进行统一的界定；完善供应商参与采购人串通投标行为的界定，对非参与政府采购项目的其他单位强制供应商串通投标的行为进行界定；对政府采购货物项目中生产厂家授权供应商投标行为进行界定。

（4）质疑和投诉管理方面。完善质疑和投诉的主体，将利害关系人如采购人和出具授权的生产厂家界定为质疑和投诉的主体；完善质疑的范围，对采购文件、采购过程重新作出界定；明确质疑和投诉过程中原评标专家的责任和义务、相关当事人的权利和义务；完善中标（成交）无效等评审结果违法的处理程序和措施，明确因专家评审因素导致的中标无效重新进行评审的条件、程序。

执笔：王怀宇

专题十
完善政府采购制度体系与运行机制
问卷调查报告

　　为全面了解当前政府采购制度体系与运行机制存在的突出矛盾，国务院发展研究中心公共管理与人力资源研究所与财政部国库司于 2013 年 12 月～2014 年 1 月面向全国政府采购参与机构组织实施了"完善政府采购制度体系与运行机制研究问卷调查"。调查共回收有效问卷 207 份，其中采购人 81 家，占 39.1%；政府监管部门 94 家，占 45.4%；集中采购机构 32 家，占 15.5%。样本覆盖 11 个省、市和自治区，其中，北京 27 家，山东 38 家，四川 36 家，江苏 19 家，河南 24 家，广西 36 家，甘肃 23 家，海南、广东、辽宁和湖北各 1 家。以下是主要调查统计分析结果。

一、政府采购制度框架基本建立，但也存在
较多问题，制度体系仍需完善

　　我国政府采购经过十多年的探索和实践，初步形成了以《政府

采购法》为核心的法律法规及政策体系，政府采购制度化、规范化、法制化进程取得重大进展。同时，由于我国政府采购工作起步较晚，仍然存在采购不规范、采购效率低、政策功能难以发挥等问题。

1. 采购需求不规范、过度采购严重是各地普遍反映比较多的问题

关于政府采购存在的主要问题，调查结果显示，有合计占43.2%①的单位认为存在采购人的采购需求不规范，过度采购严重的问题，其中30.8%的集中采购机构认为这是政府采购最严重的问题。56.7%的集中采购机构认为抑制采购人的某些不合理需求的有效途径是加强预算编制，严格按照配置标准执行，严禁超标采购和预算外采购。36.7%的集中采购机构认为国家应不断完善经费预算标准、资产配置标准和采购需求标准。

表10.1　　　　　应当如何抑制采购人的某些不合理需求（%）

选项	首选	合计
加强预算编制，严格按照配置标准执行，严禁超标采购和预算外采购	56.7	73.6
赋予集中采购机构进行采购需求审查的权力	6.7	30.0
国家应不断完善经费预算标准、资产配置标准和采购需求标准	36.7	87.2
形成对采购需求的专家评估机制，对采购需求的合理性进行专家论证	0	51.0
对采购需求中的采购人、采购项目以及采购价格等进行网上公示，并公开征求意见	0	27.4
加强违法惩处，对提出严重不合理需求的采购人进行相应的处分	0	27.4
其他	0	3.4

———————————

① 本次问卷调查有部分题目是排序多选题，其合计百分比超过100%，报告中表述以首选百分比为主，特别注释的除外。

2. 当前以集中采购为主的采购模式存在采购时间长、程序繁琐并且采购满意度低的问题

调查结果显示，当前以集中采购为主的采购模式具有一定的优势，同时也存在一些有待改进的缺点：优点主要是比较规范，能够有效反腐和有利于发挥政府采购的政策功能，分别占 35.8% 和 32.3% 。缺点主要是采购时间长、程序繁琐、效率低，占 42.8% ；采和用分离，采购满意度低，占 29.2% 。这两项缺点也是课题组实地调研时采购人普遍反映的问题。

表 10.2　集中采购模式的优缺点

	选项	比重（%）
优点	比较规范，能够有效反腐	35.8
	产品质量有保障	14.6
	集中采购效率更高，价格更便宜	17.3
	有利于发挥政府采购的政策功能	32.3
缺点	采购时间长，程序繁琐，效率低	42.8
	采和用分离，采购满意度低	29.2
	后期维护、维修困难	8.6
	目录范围小，更新周期长，价格常高于市场价	19.4

3. 未能有效的发挥政策功能是当前政府采购工作中的主要问题

超过三成（33.5%）的单位认为政府采购存在的最主要问题是没有有效地发挥政策性功能，22.8% 的单位认为是采购效率较低。在下一步的改革重点中，有超过半数（50.2%）的单位认为明确政府功能导向，并确立相应的制度体系应成为下一步政府采购制度改革重点。

表 10.3 　　　 当前政府采购工作存在的最主要问题（%）

选项	首选	合计
采购不公开、不透明，暗箱操作多	12.8	22.9
没有有效地发挥政策功能	33.5	68.9
采购需求不规范，过度采购严重	13.4	43.2
采购产品往往价高质次	8.4	30.4
采购整体效率低下	22.8	60.8
采购监管不到位	4.1	28.5
采购方式单一，过于依赖公开招标	5.1	41.3
其他	0	4.0

4. 造成上述问题的根本原因是我国政府采购法律法规体系不健全

调查结果表明，政府采购存在问题的本质原因，一是法规体系问题。法规体系不健全，法律过度强调采购程序，缺乏对政府意志的必要体现，占56%；二是管理体制问题。采购机构的定位和性质不明确，管采机构之间边界不清，占17.5%；三是运行机制问题。采购机构的权责不对等，采购人责任缺位，占10.5%。

表 10.4 　　　 政府采购存在问题的本质原因（%）

选项	比重	
法规体系问题：法规体系不健全，法律过度强调采购程序，缺乏对政府意志的必要体现	56.0	72.2
管理体制问题：采购机构的定位和性质不明确，管采机构之间边界不清	17.5	431
运行机制问题：采购机构的权责不对等，采购人责任缺位	10.5	53.8
监督约束问题：监督体系不健全，行政关系未理顺，社会监督没跟进	7.0	44.2
预算编制问题：预算编制和决算审计不能满足当前政府采购实际工作的需要	6.5	44.0
支撑体系问题：目前的各项信息化设备、渠道等对政府采购的支持不力	2.0	40.5
其他	0.5	2.1

二、政府采购的政策功能逐渐受到重视，
但政策功能发挥仍存在较多障碍

1. 缺乏具体的政策措施和导向不明确是实现政策功能的两大障碍

调查结果显示，没有有效发挥政策功能是当前政府采购最主要的问题。其中的障碍，27%的单位认为是缺乏具体的政策措施；23%的单位认为是政府采购制度体系对发挥政策功能的引导性不够。其他一些障碍也比较显著，如具体由哪个部门来承担政策功能的责任不明确、实际操作中过度依赖公开招标的采购方式不利于政策功能以及对采购机构的评价缺乏发挥政策功能的导向等。

表 10.5　　　　政府采购发挥政策功能存在的主要障碍（%）

选项	比重
政府采购制度体系对发挥政策功能的引导性不够	23.0
缺乏具体的政策措施	27.0
实际操作中过度依赖公开招标的采购方式不利于政策功能	16.3
具体由哪个部门来承担政策功能的责任不明确	17.7
对采购机构的评价缺乏发挥政策功能的导向	15.9

2. 政策约束力弱和预算支持不够是节能环保产品采购的主要障碍

超过四成（45.3%）的单位认为政府采购环保节能产品存在的主要障碍是国家优先采购政策约束力不强，缺乏配套措施。28.4%

的单位认为是环保节能产品价格较高，预算不支持。此外，部分参
与调查的单位认为存在节能环保产品标准混乱、评标困难的问题也
值得重视，合计占60.6%。

表10.6　　　　　政府采购环保节能产品存在的主要障碍（%）

选项	首选	合计
环保节能产品价格较高，预算不支持	28.4	43.7
国家优先采购政策约束力不强，缺乏配套措施	45.3	73.9
公开招标方式（最低评标价法）不利于节能环保产品	12.4	52.7
节能环保产品采购清单更新不及时	5.0	34.6
节能环保产品多以次充好，实际效果并不佳	3.5	28.6
节能环保产品标准混乱、评标困难	5.4	60.6
其他	0	5.3

3. 自身实力弱和采购门槛高都阻碍了中小企业参与政府采购

调查结果显示，中小企业参与政府采购主要存在三大障碍：一
是批量集中采购门槛高，把中小企业拒之门外，占36.6%；二是中
小企业缺乏资质，占26.2%；三是中小企业产品质量、后期服务等
无法保障，占16.8%。值得注意的是，各选项合计百分比都较高，
说明采购参与者认为这些障碍存在具有很大的普遍性。

表10.7　　　　　中小企业参与政府采购存在的主要障碍（%）

选项	首选	合计
批量集中采购门槛高，把中小企业拒之门外	36.6	46.5
中小企业缺乏资质	26.2	61.8
中小企业产品质量、后期服务等无法保障	16.8	74.1
以公开招标实施采购，中小企业很难中标	4.5	45.8
对中小企业的支持缺乏可操作的配套措施	14.4	68.0
其他	1.5	3.7

4. 政府采购制度体系对创新支持导向不足

多数参与调查的单位（66.5%）认为支持国内创新存在的主要障碍是政府采购制度体系对支持创新的导向不足；18.2%的单位认为政采制度注重采购程序而非合同管理，使得创新产品参与难。此外，参与调查的单位认为公开招标方式（尤其是最低评标价法）也是创新产品参与政府采购的一个主要障碍，合计占67.2%。

表 10.8　　　　　政府采购支持国内创新主要存在的障碍（%）

选项	首选	合计
政府采购制度体系对支持创新的导向不足	66.5	87.5
政采制度注重采购程序而非合同管理，使得创新产品参与难	18.2	72.7
国外政府及 GPA 等国际规则要求公平竞争的压力	3.9	36.4
创新产品质量不可靠	4.9	31.3
过度的公开招标方式（最低评标价法）不利于创新产品参与	5.9	67.2
其他	0.5	4.7

三、健全政府采购的制度体系和配套措施

1. 以权责对等原则推动完善政府采购的管理体制

目前政府采购制度体系中，实际还存在管采不分、集中采购机构隶属关系复杂等问题。决策与监管机构以财政部门为主。集中采购机构隶属关系较为复杂，有的地区是财政部门下属采购中心、有的地区采购机构是机关事务管理局下属采购中心。另外，政府办公厅及其他职能部门（如国资委、商务厅等）下属采购中

心也占一定比例。

表 10.9   各地的政府采购制度体系构成（%）

部门		比重
决策与监管机构	财政部门	89.5
	政府办公厅	2.4
	机关事务管理局	5.7
	其他职能部门（国资委、商务厅等）	2.4
集中采购机构	财政部门下属采购中心	43.6
	政府办公厅下属采购中心	19.7
	机关事务管理局下属采购中心	31.0
	其他职能部门（国资委、商务厅等）下属采购中心	5.6

表 10.10   单位（集中采购机构）隶属部门（%）

选项	比重
本级政府直属	37.0
财政部门	25.9
机关事务管理	22.2
国资委	0
商务厅	0
政府办公厅	7.4
其他	7.4

调查结果显示，监管部门和集中采购机构认为比较理想的政府采购权责体系的安排为：财政部门负责制定政府采购的政策法规、政策督导监管和预算编审，分别占28.2%、28.2%和27.1%；政府采购中心（集中采购机构）负责采购项目的执行和需求引导，占50.2%和24.8%。

表 10.11　　认为比较理想的政府采购权责体系安排（%）

	职责	比重
财政部门	制定政府采购的政策法规（或参与）	28.2
	政府采购的预算编审（或参与）	27.1
	政府采购的需求引导	13.0
	政府采购的项目执行	3.6
	政府采购的政策督导和执行监管	28.2
政府采购中心（集采机构）	制定政府采购的政策法规（或参与）	10.5
	政府采购的预算编审（或参与）	8.8
	政府采购的需求引导	24.8
	政府采购的项目执行	50.2
	政策采购的政策督导和执行监管	5.8

2. 改变重过程轻结果的监督及考核机制，强化监督考核采购关键环节

调查结果显示，监管部门认为当前政府采购监管主要存在两个问题：首先是监督的力量不足，缺乏足够数量的合格工作人员对采购机构和供应商进行考核，占 34.8%；其次是监督渠道不畅，监管机构对采购机构和供应商的监督手段有限，占 33.7%。部分监管部门认为另外两个问题也值得重视：一是监督处罚依据不足，许多发现的问题无法追究，合计占 68.7%；二是在监督缺乏后续处理，大部分不合格的情形并不能给予有效、充分惩处的问题，合计占 54.8%。

表 10.12　　（监管部门）当前政府采购的监督中存在的主要问题（%）

选项	首选	合计
监督的力量不足，缺乏足够数量的合格工作人员对采购机构和供应商进行考核	34.8	38.4
监督过程不规范，未形成制度化的监督机制	19.6	36.5

续表

选项	首选	合计
监督渠道不畅，监管机构对采购机构和供应商的监督手段有限	33.7	75.4
监督导向不明，现行的监督行为不能找到政府采购过程中的问题	2.2	22.6
监督处罚依据不足，许多发现的问题无法追究	6.5	68.7
监督缺乏后续处理，大部分不合格的情形并不能给予有效、充分的惩处	3.3	54.8
其他	0	3.7

　　监管部门、采购人和集中采购机构均认为政府采购考核存在的最主要问题是侧重于对程序规范性的考核，轻视对采购结果的评价（监管部门选择合计占 77.5%、采购人占 58.1%、集中采购机构占 79.6%）。集中采购机构认为考核中还存在的问题是仅就考核论考核，尚未建立考核结果运用的有效机制。未来要强化监督考核采购的关键环节，实现监督考核覆盖采购的全过程并促进监督考核结果的合理运用。

表 10.13　　（集中采购机构）我国政府采购监督和考核存在的主要问题（%）

选项	首选	合计
主体较少，没有广泛地纳入政府以外的人大、政协、媒体和相关的社会力量	22.6	32.2
导向不明，现行的监督考核下，我不知道怎么做才符合标准	9.7	19.3
口径不一，各部门上报的指标缺乏统一口径，考核结果用处有限	3.2	7.5
形式主义，现行的监督考核行为不能真正找到政府采购过程中的问题	12.9	34.6
冗长复杂，考核明细太多，很多指标没有实际意义	12.9	37.4
侧重于对程序规范性的考核，轻视对采购结果的评价	19.4	79.6
仅就考核论考核，尚未建立考核结果运用的有效机制	9.7	70.1
没有问题	9.7	14.0
其他	0	5.3

3. 加强需求管理，实现预算精细化，提高预算编制质量

预算编制质量是政府采购的基础，直接影响政府采购的各个环节。调查结果显示，近四成的采购人（39.7%）认为超标需求和预算外需求的主要原因是预算精确化程度低。同时，38%的监管部门认为预算编制薄弱是采购过程出现问题的主要原因。超过半数的集中采购机构也认为加强预算编制是抑制采购人的某些不合理需求的有效办法。

表 10.14 政府采购过程中（采购人）屡屡出现的超标需求和
预算外需求主要原因（%）

选项	比重
我并不想提出超标需求，但是我不知道在标准范围内如何操作，需要采购机构的帮助或教育培训	14.6
现行的政府工作方式难以做到预算的精确化	39.7
政府采购中多项物品、服务的标准严重落后于社会经济发展的水平，没法执行	19.2
许多创新类、环保类、服务类等采购变动很快，在预算和标准中没有执行的依据	26.5

参与调查的监管部门中，47.8%的单位认为提高预算编制质量主要措施是预算精细，采购预算细化到各项开支的数额和时限，还有31.1%的单位认为是明确标准，通用类政府采购产品的最高定额、单价和数量。预算精细化、标准明确是提高预算质量的关键，建立完整、准确的政府采购预算编制制度是完善政府采购制度体系的基础。

表 10.15　　　　提高政府采购预算编制质量的主要措施（%）

选项	首选	合计
财权上收，对于一些重大政府采购统筹考虑，在上级预算中列支	15.6	19.2
预算精细，采购预算细化到各项开支的数额和时限	47.8	59.1
明确标准，通用类政府采购产品的最高定额、单价和数量	31.1	81.6
加强规制，从制度上加大调整预算和预算外支出的难度	3.3	21.5
强化监管，由各级人大对财政预算中的采购预算进行单独的审核和论证	0	29.4
审计追责，决算中对于不符合预算要求的政府采购行为严加追责	0	50.4
公开透明，进一步公开政府采购预算明细，接受社会各界监督	1.1	35.4
其他	1.1	3.5

4. 推进电子化采购、保障政府采购的透明化建设

调查结果显示，电子化采购存在的最主要问题是系统重复建设、程序繁琐和系统功能有限，分别占 31.6%、22.9% 和 22.7%。关于全国范围的电子化政府采购法规，参与调查的监管部门和集中采购机构中，46.6% 的单位认为应在政府采购法实施条例中对电子化政府采购作出规定；29.7% 的单位认为应修改《政府采购法》，明确电子化政府采购方式的有关规定。

表 10.16　　　　电子化采购存在的最主要问题（%）

选项	首选	合计
程序繁琐	22.9	20.5
使用不方便	9.0	15.5
使用成本高	2.8	21.5
系统重复建设	31.6	39.6
系统功能有限	22.7	62.5
当事人（采购人、供应商）不愿意使用	4.4	36.9
当事人操作不规范	4.5	37.8
当事人缺乏培训	1.9	60.3
其他	0	5.4

四、下一步政府采购的改革重点

调查结果表明，下一步政府采购的改革重点首要是明确政府采购发挥政策功能的导向，并确立相应的制度体系，占50.3%；其次是完善政府采购管理体系，理清管采及相应机构的边界，占17.7%。此外，改革政府采购的监督管理体系，推动政府采购管理从程序导向型向结果导向型转变，合计占51.3%。

表 10.17　　　　　　　**下一步政府采购制度改革重点（%）**

选项	首选	合计
明确政府采购发挥政策功能的导向并确立相应的制度体系	50.3	66.2
完善政府采购管理体系，理清管采及相应机构的边界	17.7	51.7
明确集中采购机构的定位和发展方向	10.8	42.1
改革采购模式，平衡集中采购和分散采购的关系	7.4	36.0
改进采购方式，扩大非公开招标方式的比例	3.0	29.8
改革政府采购的监督管理体系，推动政府采购管理从程序导向型向结果导向型变革	9.4	51.3
增强政府采购信息、程序的透明性	1.5	21.9
其他	0	1.1

调查结果显示，推进政府采购制度的改革，需尽快修改《政府采购法》。在对《政府采购法》存在的主要问题调查中，24.3%的单位认为主要问题是缺乏对采购需求、合同、履约验收管理方面的细化规定及法律责任；20.5%的单位认为主要问题是缺乏对供应商的约束和评价；与《招投标法》冲突、缺乏对评审专家的责任约定

和责任主体不明晰，各占12.1%。据此建议一是应明确与《招投标法》的适用范围，化解《政府采购法》与《招投标法》实际执行中的冲突；二是完善政府采购相关主体－代理机构、投标人、专家等尤其是采购人的法律责任。三是明确"绩效最优"原则，发挥政府采购的政策功能。四是完善包括电子化采购、专家责任、供应商管理等技术问题。

执笔：宋俏珈

附：完善政府采购制度体系
与运行机制研究调查问卷

（采购监管部门卷）

填写说明（略）

问卷正文

基本信息题

填表单位_____　　　所在城市_____

1、您认为目前我国政府采购存在的最主要问题，依次是：

（1）_____（2）_____（3）_____

　A. 采购不公开、不透明，暗箱操作多；

　B. 没有有效地发挥政策功能；

　C. 采购需求不规范，过度采购严重；

　D. 采购产品往往价高质次；

　E. 采购整体效率低下；

　F. 采购监管不到位；

　G. 采购方式单一，过于依赖公开招标；

　H. 其他_____

2、您认为存在上述问题的本质原因，依次是：（1）_____

（2）_____（3）_____

A. 法规体系问题：法规体系不健全，法律过度强调采购程序，缺乏对政府意志的必要体现；

B. 管理体制问题：采购机构的定位和性质不明确，管采机构之间边界不清；

C. 运行机制问题：采购机构的权责不对等，采购责任人缺位；

D. 监督约束问题：监督体系不健全，行政关系未理顺，社会监督没跟进；

E. 预算编制问题：预算编制和决算审计不能满足当前政府采购实际工作的需要；

F. 支撑体系问题：目前的各项信息化设备、渠道等对政府采购的支持不力；

G. 其他＿＿＿＿＿＿＿＿＿＿＿＿＿＿＿＿＿＿＿

3、您认为下一步政府采购制度改革重点应是哪几项，依次是：
(1) ＿＿＿＿＿ (2) ＿＿＿＿＿ (3) ＿＿＿＿＿

A. 明确政府采购发挥政策功能的导向，并确立相应的制度体系

B. 完善政府采购管理体系，理清管采及相应机构的边界；

C. 明确集中采购机构的定位和发展方向；

D. 改革采购模式，平衡集中采购和分散采购的关系；

E. 改进采购方式，扩大非公开招标方式的比例；

F. 改革政府采购的监督管理体系；

G. 增强政府采购信息、程序的透明性；

H. 其他＿＿＿＿＿＿＿＿＿＿＿＿＿＿＿＿＿＿＿

4、您认为政府采购发挥政策功能存在的主要障碍是什么？

_____（可多选）

A. 政府采购制度体系对发挥政策功能的引导性不够；

B. 缺乏具体的政策措施；

C. 实际操作中过度依赖公开招标的采购方式不利于政策功能；

D. 具体由哪个部门来承担政策功能的责任不明确；

E. 对采购机构的评价缺乏发挥政策功能的导向。

G. 其他_____

5、您认为政府采购环保节能产品主要有哪些障碍？依次是：

（1）_____（2）_____（3）_____

A. 环保节能产品价格较高，预算不支持；

B. 国家优先采购政策约束力不强，缺乏配套措施；

C. 公开招标方式（最低评标价法）不利于节能环保产品；

D. 节能环保产品采购清单更新不及时；

E. 节能环保产品多以次充好，实际效果并不佳；

F. 节能环保产品标准混乱、评标困难；

G. 其他_____

6、您认为中小企业参与政府采购主要存在哪些障碍？依次是：

（1）_____（2）_____（3）_____

A. 批量集中采购门槛高，把中小企业拒之门外；

B. 中小企业一般缺乏资质；

C. 中小企业产品质量、后期服务等无法保障；

D. 以公开招标实施采购，中小企业很难中标；

E. 对中小企业的支持缺乏可操作的配套措施；

F. 其他_____

7、您认为政府采购支持国内创新主要存在哪些障碍，依次是：

(1) _____ (2) _____ (3) _____

    A. 政府采购制度体系对支持创新的导向不足；

    B. 政采制度注重采购程序而非合同管理，使得创新产品参与难；

    C. 国外政府及 GPA 等国际规则要求公平竞争的压力；

    D. 创新产品质量不可靠；

    E. 过度的公开招标方式（最低评标价法）不利于创新产品参与；

    F. 其他_____

8、我国《政府采购法》存在的主要问题是_____（可多选）

    A. 与招标法冲突；

    B. 缺乏对评审专家的责任约定；

    C. 缺乏对供应商的约束和评价机制；

    D. 责任主体不明晰；

    E. 其他_____

9、您所在地区的政府采购制度体系是（请打钩）：

决策与监管机构（预决算、规章制度等）	采购机构（采购执行、谈判议价等）
□ 财政部门	□ 财政部门下属采购中心
□ 政府办公厅	□ 政府办公厅下属采购中心
□ 机关事务管理局	□ 机关事务管理局下属采购中心
□ 其他职能部门（国资委、商务厅等）	□其他职能部门（国资委、商务厅等）下属采购中心
□ 其他_____	□ 其他_____

10、您认为比较理想的政府采购权责体系安排应该是（请打钩）：

财政部门	政府采购中心（集采机构）
□制定政府采购的政策法规（或参与）	□制定政府采购的政策法规（或参与）
□政府采购的预算编审（或参与）	□政府采购的预算编审（或参与）
□ 政府采购的需求引导	□ 政府采购的需求引导
□政府采购的项目执行	□政府采购的项目执行
□政府采购的政策督导和执行监管	□政策采购的政策督导和执行监管
□ 其他＿＿＿＿＿＿＿＿	□ 其他＿＿＿＿＿＿＿＿

11、您怎么看待集中采购为主的采购模式？（请打钩）

优点	缺点
□比较规范，能够有效反腐	□采购时间长，程序繁琐，效率低
□产品质量有保障	□采和用分离，采购满意度低
□集中采购，效率更高，价格更便宜	□后期维护、维修困难
□有利于发挥政府采购的政策功能	□目录范围小，更新周期长，价格常常高于市场价
□其他＿＿＿＿＿＿＿＿	□ 其他＿＿＿＿＿＿＿＿

12、您怎么看待社会中介代理机构？（可兼选、多选）

□合理	□不合理
□采购效率高	□采购效率低
□采购满意度高	□采购满意度低
□专业化程度高	□专业化程度低
□更加规范	□规范性差
□未来趋势：作用越来越大	□未来趋势：作用越来越小，逐渐消失
□ 其他＿＿＿＿＿＿＿＿	□ 其他＿＿＿＿＿＿＿＿

13、您认为在当前政府采购的监督中存在的主要问题依次是：

(1) ＿＿＿＿＿ (2) ＿＿＿＿＿ (3) ＿＿＿＿＿

A. 监督的力量不足，缺乏足够数量的合格工作人员对采购机构和供应商进行考核；

B. 监督过程不规范，未形成制度化的监督机制；

C. 监督渠道不畅，监管机构对采购机构和供应商的监督手段有限；

D. 监督导向不明，现行的监督行为不能找到政府采购过程中的问题；

E. 监督缺乏后续处理，大部分不合格的情形并不能给予有效、充分的惩处；

F. 其他＿＿＿＿＿＿＿＿＿＿＿＿＿＿＿＿＿

14、您认为目前我国政府采购考核存在的最主要问题，依次是：（1）＿＿＿＿＿（2）＿＿＿＿＿（3）＿＿＿＿＿

A. 侧重于考核政府采购的效果，忽略了对于政府采购过程的考核；

B. 考核的指标体系以成本和经济效益为主，忽略了社会效益、环境效益、制度创新效益等其他指标；

C. 考核主体较为单一，公众、社会舆论组织及中介评价组织在考核中的影响力较小；

D. 考核结果的反馈机制尚未建立；

E. 考核对象对于考核结果的申诉制度尚未建立；

F. 其他＿＿＿＿＿＿＿＿＿＿＿＿＿＿＿＿＿

15、在实际监管工作中，出现问题最多的环节依次是：（1）＿＿＿＿＿（2）＿＿＿＿＿（3）＿＿＿＿＿

A. 管采分离环节；

B. 预算编制环节；

C. 招标信息公开环节；

D. 采购方式选择环节；

E. 采购执行（如招投标等）环节；

F. 专家评审环节；

G. 合同签署环节

H. 供应商履约环节；

I. 采购物品和服务的使用环节；

J. 决算审计环节；

K. 其他_____

16、您认为当前政府采购过程中出现的大多数问题，其主要原因是：（1）_____（2）_____（3）_____

A. 管采分离实施不到位，很多地方的采购中心和财政部门实际上还是隶属和指导关系；

B. 采购预算编制环节薄弱，采购人的需求不明确或超出实际需要；

C. 决算审计环节力度不足，对于预算外支出缺乏实质性的追究和问责；

D. 信息公开程度较低，没有及时充分地将采购信息、评价标准、招投标过程、申诉途径等向公众公开；

E. 采购方式设计不科学，导致在执行中可能出现多种多样的违法行为；

F. 专家评审方式不科学，专家责任小，权力大；

G. 重过程轻结果，只看重采购过程的规范性，但是对于供应商的履约行为和采购物品的实际使用监督较少；

H. 对分散采购的指导和监督不够，导致分散采购管理成为采购监管薄弱环节；

I. 其他_____

17、透明化是监督考核的根本，在加强政府采购公开透明化建设的过程中，您认为最应该引入的配套制度措施依次是：（1）____ ____（2）_____（3）_____

A. 政府采购当事人的申诉制度；

B. 对于采购计划、采购方式、采购程度等采购信息的反馈机制；

C. 政府采购监管部门对于反馈信息的接受、处置制度；

D. 政府采购供应商的信用制度；

E. 反馈信息对于政府采购当事人行为的约束激励机制；

F. 其他_____

18、您认为提高政府采购预算编制质量的主要措施应包括：（1）_____（2）_____（3）_____

A. 财权上收，对于一些重大政府采购统筹考虑，在上级预算中列支；

B. 预算精细，采购预算细化到各项开支的数额和时限；

C. 明确标准，通用类政府采购产品的最高定额、单价和数量；

D. 加强规制，从制度上加大调整预算和预算外支出的难度；

E. 强化监管，由各级人大对财政预算中的采购预算进行单独的审核和论证；

F. 审计追责，决算中对于不符合预算要求的政府采购行为严加追责；

G. 公开透明，进一步公开政府采购预算明细，接受社会各界监督；

H. 其他_____

19、在政府采购中，针对目前在招投标过程中出现的围标串标等问题，您认为应如何加强监管：（1）_____（2）_____（3）_____

A. 采购机构应对采购人提出的项目特殊性进行认真调研、仔细分析、科学判断，防止用不合理条件去限制投标人范围；

B. 加强透明化建设，扩大政府采购信息发布的范围，优化政府采购开标评标程序，实行电子化评标等增强透明度；

C. 鼓励充分竞争，放宽资格预审条件，让更多投标人参与竞争；

D. 优化专家评审，采用系统随机抽取评审专家，细化招标文件评分标准，减少专家评委自由裁量权。设立评标监督小组，建立评分复核制度；

E. 强制通知落标人，并解释落标原因；

F. 加强惩处力度，追究法律责任；

G. 其他_____

20、您认为政府采购最有效的监督考核主体依次是（1）_____（2）_____（3）_____

A. 上级和同级财政部门；

B. 同级人大；

C. 同级人民政府；

D. 纪委、司法和审计部门；

E. 人事部门；

F. 新闻媒体；

G. 公众及社会第三方机构

H. 其他_____

21、你地区本级政府采购网站开发机构

A. 财政厅/局内设的机构；

B. 采购管理机构；

C. 外包给公司；

D. 其他_____

22、你地区下列政府采购活动中，已在网上进行的有_____

（可多选）

E. 政策和法规发布；

F. 采购预算管理；

G. 采购计划申报；

H. 采购计划审批；

I. 采购机会信息发布；

J. 采购方式变更申报审批；

K. 下载招标文件；

L. 投标；

M. 竞争性谈判；

N. 询价；

O. 反拍卖；

P. 评标；

Q. 采购结果发布；

R. 采购合同订立；

S. 采购合同管理；

T. 供应商管理；

U. 专家抽取及管理；

V. 政府采购信息统计；

W. 资金支付；

X. 举报；

Y. 全部＿＿＿＿＿＿＿＿＿＿＿＿＿＿＿＿＿

23、您对本地区现有的电子化政府采购系统功能评价是＿＿＿＿＿＿

A. 功能较全，符合需要；

B. 功能较全，但很多功能用不上；

C. 功能不全，但现有的功能使用充分；

D. 功能不全，而且现有的很多功能用不上

24、您认为电子化采购存在的最主要问题是依次是：（1）＿＿＿
＿＿＿（2）＿＿＿＿＿＿＿（3）＿＿＿＿＿＿

A. 程序繁琐；

B. 使用不方便；

C. 使用成本高；

D. 系统重复建设；

E. 系统功能有限；

F. 当事人（采购人、供应商）不愿意使用；

G. 当事人操作不规范；

H. 当事人缺乏培训；

I. 其他＿＿＿＿＿＿＿＿＿＿＿＿＿＿＿＿＿＿＿

25、您认为全国范围的电子化政府采购法规应该是＿＿＿＿＿

A. 修改《中华人民共和国政府采购法》，明确电子化政府采购方式的有关规定；

B. 在政府采购法实施条例中对电子化政府采购作出规定；

C. 财政部以部长令形式颁布管理办法；

D. 财政部印发指导性意见。

感谢您对本次问卷调查工作的支持与配合！

参考文献
References

［1］艾冰．政府采购与自主创新．北京：中国文联出版社，2012

［2］马海涛，姜爱华．政府采购管理．北京：北京大学出版社，2008

［3］焦富民．政府采购救济制度研究．上海：复旦大学出版社，2010

［4］梁戈敏．中国政府采购道德风险及其规避．北京：经济科学出版社，2011

［5］刘小川，唐东会．中国政府采购政策研究．北京：人民出版社，2009

［6］牛志奇．政府采购管理中的问题及对策．载于全球金融危机形势下的政府采购与公共市场研
究论文集．北京：中国经济出版社，2010

［7］潘彬．政府采购绩效评价模式创新研究．湘潭：湘潭大学出版社，2008

［8］王丛虎．GPA下的政府采购保护本国货政策研究．Conference on Web Based Business Manage-
ment（WBM2011）

［9］杨灿明，李景友．政府采购问题研究——财政部"财政改革与发展重大问题研究"课题丛
书．北京：经济科学出版社，2004

［10］邹昊．政府采购体系建设研究．北京：清华大学出版社，2011

［11］姚文胜．政府采购法律制度研究．北京：法律出版社，2009

［12］章辉．政府采购风险及其控制．北京：中国财政经济出版社，2009

［13］张家瑾．我国政府采购市场开放研究．北京：对外经济贸易大学出版社，2008

［14］张传．政府采购法比较研究．北京：中国方正出版社，2007

［15］张璐．政府采购理论与实务．北京：首都经济贸易出版社，2011

［16］中国政府采购统计年鉴（2002－2012）．北京：中国财政经济出版社

［17］中国政府采购年鉴编委会．中国政府采购年鉴（2011）．北京：中国财政经济出版
社，2011

[18] 施锦明. 政府采购. 北京：经济科学出版社，2010

[19] 白志远. 论政府采购思维模式的导向. 中南财经政法大学学报，2012（5）

[20] 毕莹. 日本政府采购制度的最新研究动向与焦点问题——《政府采购制度的法与经济学（专辑）》综述. 中国政府采购，2011（7）

[21] 谷辽海. 供应商资格审查制度流于形式. 中国经济时报，2005 - 07 - 26

[22] 肖北庚. 政府采购法制之发展路径：补正还是重构. 现代法学，2010（3）

[23] 王新红. 政府采购经济调节功能的实现障碍及法律对策. 福建师范大学学报，2010（6）

[24] 于安. 采购法实施条例制定可借鉴《示范法》. 中国政府采购报，2011 - 04 - 11

[25] 于安. 关注政府采购的市场条件和整体效果. 新华网，2011 - 12 - 30

[26] 政府采购制度改革瞄准四个转变. 中国财经报，2013 - 12 - 05

[27] 刘保英. 完善我国政府采购制度的研究. 厦门大学硕士学位论文，2006

[28] 马海涛，程岚，向飞丹晴. 回顾我国政府采购发展历程，深化政府采购制度改革. 经济研究参考. 2009（25）

[29] 全承相，李晶. 财政政府采购管理权配置及其运行制约机制的完善. 前沿，2010（24）

[30] OECD. 2000. "Centralised and Decentralised Public Procurement", SIGMA Papers, No. 29, OECD Publishing. http：//dx. doi. org/10. 1787/5kml60w5dxr1 - en

[31] OGC of the UK. An Introduction to Public Procurement. National Audit Office of the UK. Analytical framework for assessing Value for Money

[32] http：//ec. europa. eu/internal_ market/publicprocurement/index_ en. htm

[33] http：//www. gsa. gov/portal/content/103369

[34] http：/www. ogc. gov. uk/